“들어보세요
당신의 게소리”

하루에 하루만큼씩

더 응원합니다

From

....

게소리

지독한 현실주의 스토리텔러가 들려주는
내가 이미 괜찮은 이유

정현석 지음

게소리

지독한 현실주의 스토리텔러가 들려주는
내가 이미 괜찮은 이유

초판인쇄 1판 1쇄 2025년 9월 5일

저자 정현석
펴낸이 최검열

출판총괄 이재향
편집책임 구본희
표지 박하민
편집 신소미, 이수정

펴낸곳 도서출판 밀알
등록번호 제1-158호
주소 인천 서구 당하동 1235-3 리슈빌 802호
전화 02) 529-0140
홈페이지 www.milalbook.com

ISBN 978-89-418-0346-1

게소리

지독한 현실주의 스토리텔러가 들려주는
내가 이미 괜찮은 이유

정현석 지음

작가의 말

지독한 현실주의자의 진짜 마음소리를 12개로 추렸습니다

한국 사회 특유의 분위기 때문에 발생하는 각종 불필요한 갈등…' 그런 갈등이 싫어서 자신감을 숨기고 사는 분들 참 많죠. 그러다 보니 필요 이상의 겸손이 습관이 되고 자신도 모르게 나를 과소평가하며 살아가게 되는데요. 그렇게 매일 출퇴근길과 시장통의 행인 1, 2, 3으로 살아가고 계신 분들께 전하고 싶은 저의 소리를 담았습니다.

저는 치열한 비즈니스 현장에서 사람의 이야기를 무기로 만들어오면서 20년 이상의 시간을 보냈습니다. 이 일은 개인적 감성 때문에 현실 인식과 분석을 객관적으로 하지 못하면, 의뢰인들에게 제대로 된 성과 제공이 불가능한 일입니다. 그래서 초창기인 30대 초중반까지 '독사'라는, 칭찬인지 비난인지 헷갈리는 별명으로 불리기도 했는데요. 어떻게든 결과를 만들어내야 하는 세계에서 살아남기 위해서는 어쩔 수 없이 '지독한 현실주의자'가 되어야만 했습니다.

오랜 시간 수많은 사람들의 가면 아래 숨겨진 진짜 '마음소리'를 들으면서 자연스럽게 알게 된 공통점 몇 가지가 있습니다. 이 책은 그렇게 '지독한 현실주의자'로 살아오면서 사람들의 생각과 경험을 통해 발견한 '진짜 현실'에 대한 제 생각을 정리한 기록입니다. 꽤 오랜 현장 경험과 생각을 12개의 소리로 신중하게 추렸는데, 조금이나마 도움이 되길 바랍니다.

뭐… 저자 입장에선 꼭 봐주셨으면 하는 부분이고 개인적으로도 참 중요한 의미가 있는 파트지만, 피 같은 돈과 시간을 써서 책을 펼친 독자들에게는 지루함 그 이상도 이하도 아닌 곳이 '작가의 말'이잖아요. 더 길고 자세하게 쓰고 싶은 마음이 굴뚝 같지만!

무대 뒤의 직업인이라 가뜩이나 무명인데, 긴말까지 앞에 붙으면 읽어주시는 분이 거의 없을 것 같더라고요. 그래서 '11-1 갑자기 진지한 스토리텔러'에 숨겨 놓았습니다. 재미있게 읽어가시다가 여기를 만나면 왜 숨겨 놓았는지 이해되실 겁니다.

책 '게소리'와의 인연으로 '지금의 나'가 얼마나? 왜? 이미 꽤 괜찮은 사람인지 확인도 해보시고, 내친김에 그동안 쌓인 마음의 소리도 전략적으로 낼 수 있는 길도 알아보는 계기가 되었으면 합니다.

유쾌한 시간, 동시에 살짝 진지한 사색의 시간이 되길 바라며 …

정텔러 드림

추천의 말

이건 돌멩이가 아니라, 빛나는 다이아몬드예요

이희진 enbcare_

(산전산후 여성 운동 전문 코치, E&B Care 대표)

저는 늘 저를 '조금 부족한 사람'이라고 생각하며 살았습니다. 겸손이 미덕이라 믿었고, 칭찬을 들어도 "더 열심히 하라는 뜻이겠지"라고 해석했습니다.

물리치료사, 선수 트레이너, 필라테스 강사… 그럴듯한 명함을 여러 개 갖고 있었지만, 마음속 목소리는 늘 같았습니다.

"아직 멀었어. 더 배워야 해. 더 올라가야 해."

그래서 대학원, 석사, 자격증… 끝도 없이 나를 몰아붙이며, 뒤처지지 않기 위해 버텼습니다. 병원에서 환자를 만나면, 제일 먼저 아픈 '몸'보다 아픈 '마음'이 보였습니다. 그 마음을 이해하고 다독이는 건 제가 잘하는 일이었죠. 하지만 그들이 잘 낫지 못하는 이유는 치료의 부족이 아니라, 자기 자신을 돌보는 법을 몰라서였습니다. 그걸 바꿔주고 싶었고, 그 마음이 제 일의 원동력이 되어주었습니다.

하지만 현실은 냉혹했습니다. 몇 년을 고민하고 연구한 산

전 · 산후 운동 철학이 하루아침에 복제되는 순간, 심장이 쿵 내려앉았습니다. 경험도 없이 말만 번지르르한 사람들이 더 큰 무대에서 박수를 받을 때면, "이 일을 계속해야 하나" 수없이 흔들렸습니다. 억울했지만 자책만 했고 마음 한구석은 점점 비워져 갔습니다.

그러다가 만난 저자는 마치 어두운 동굴 속으로 손전등을 비추듯, 제 안 깊숙이 숨겨진 원석을 찾아냈습니다. 그리고 이렇게 말했습니다.

"이건 돌멩이가 아니라, 빛나는 다이아몬드예요."

저자가 알려 주는 여러 개념과 방법을 들으면서 몇 년 동안 눌러왔던 제 이야기를 꺼내보기로 했습니다. 솔직히 말하면, 무서웠습니다.

'내 이야기를 누가 궁금해할까? 비웃으면 어쩌지? 반응이 없으면 어떡하지?'

하지만 용기를 내어 첫 에피소드를 꺼냈을 때, 놀라운 일이 일어났습니다. 사람들이 제 이야기를 자기 이야기처럼 읽고, 응원했고, 함께 울고 웃었습니다. 그렇게 몇 년간 고요하던 제 SNS는, 어느새 1만 명이 넘는 사람들이 찾아오는 공간이 되었습니다. 그런 과정을 지나면서 깨달았습니다. 세상에 조연으로 살아야 하는 사람은 없습니다. 단지, 아직 무대에 오르지 않았을 뿐입니다. 우리 모두 마음속에 꾹 눌러둔 '마음소리'가 있고, 그 소리를 꺼내는 순간 삶은 조금씩 바뀝니다.

사랑하는 사람에게 아무리 마음이 커도 "사랑해"라고 말하지

않으면 그 크기를 알 수 없듯,

나의 이야기와 가치를 세상에 내놓아야 비로소 그 무게를 알 수 있습니다. 이 책은 그 길을 함께 걸어주는 친구입니다. 당신 안의 원석을 발견하고, 빛을 가리지 않도록, 세상에 꺼내 놓을 용기를 건네줄 것입니다.

저는 이제 압니다. 우리는 이미 괜찮은 사람이고, 사랑받을 이유가 충분한 사람이라는 것을요.

이 책을 읽는 당신도, 부디 주저하지 말고 마음속 이야기를 세상에 들려주시길 바랍니다.

그 순간, 당신의 세상도 놀랍도록 달라질 것입니다.

들어보세요
당신의 게소리

프롤로그

게는 소리를 내지 않는다

조용히 무리 속에 살다가
어부의 그물에 걸려 소쿠리에 들어가면
대부분 그것으로 끝이다

처음에는 빠져나오려 허우적거리지만,
서로의 집게다리에 걸려 다시 끌려 내려오고 만다

그러다 지치면 맹렬하던 발버둥도 점점 잠잠해진다

게는 끝까지
소리를 내지 못한다

어쩌면 녀석들도 소리를 내고 싶지 않았을까?

여기서 나가고 싶다고
자유롭게 살고 싶다고

도대체 그런 '말!소!리!'는 어떻게 내는 거냐고!

“지들끼리 물고 땡겨서 절대 못 나오거든.”

육지에서 아주 멀리 떨어진 서해 외딴섬에서 군 복무를 할 때였다. 해안 경계 근무 시기에는 어선 출입을 체크하며 마을 어민들과 교류할 기회가 많았다. 꽃게 철만 되면 마을 인심이 후해져서 큼직한 바구니에 방금 잡은 꽃게를 한가득 던져 주고 가는 날도 종종 있었다.

1993년 가을.

그날도 조업을 마친 어부들이 큰 소쿠리에 파닥거리는 꽃게를 가득 담고, 초소 앞 해변에서 꽃게찜 회식을 하고 있었다.

“니들도 와서 하나씩 가져가 먹어~.”

짬밥만 먹던 쫄병들에겐 그야말로 ‘천국의 시간’. 번개처럼 뛰어가 먹음직스럽게 익어 있는 수꽃게 몇 마리를 챙겼다.

그런데 그날따라 녀석들이 눈에 들어왔다. 소쿠리 밖으로 빠져나오려 안간힘을 쓰는데, 됐다 싶으면 떨어지고, 다시 끌려 떨어지고. 또 떨어지고… 도시의 수산시장에서는 볼 수 없는 맹렬한 기세로 온 힘을 다해 탈출을 시도하고 있었다.

"근데, 아저씨! 저러다 도망갈 것 같은데, 뭐라도 덮어야지 말입니다?"

"뚜껑? 에이… 그런 거 필요 없어! 지들끼리 물고 땡겨서 절대 못 나오거든."

녀석들의 몸부림은 안중에 없이 소주잔만 부딪치는 어부들을 뒤로하고 초소로 들어왔다. 몇 분 후, 한 녀석이 기어코 소쿠리 밖으로 탈출에 성공하는 장면이 눈에 들어왔다.

그날 밤하늘에 떠 있던 북극성과 각종 별자리, 바다향, 낮에 보았던 녀석들의 바둥거리는 모습과 집게발들이 부딪치며 내던 소리.

탁타닥 타다다다닥…
30년이 지난 지금도 그날의 풍경과 소리가 생생하다.

“내가 정말 이렇게 괜찮은 사람인가요?”

직업 덕분에 수많은 사람들의 인생 이야기를 만나게 된다. 퍼스널 스토리 전략을 짜주고, 책 쓰는 걸 도와주고, 어쩔 땐 아예 대신 써주기도 하고, 다양한 형태의 미디어를 통해 사람들과 좋은 관계를 만드는 방법을 알려 주면서 원하는 무대 위에 오를 수 있도록 지원했다. 어쩔 수 없이 오랫동안 세상에 꺼내지 못한 마음의 소리를 들을 수밖에 없다.

치열한 비즈니스 무대 뒤에서 가면을 벗고 듣게 되는 여러 고민의 속을 들여다보고 있으면, 소쿠리에 갇혀 탈출하지 못하던 녀석들의 몸부림과 비슷하다는 생각이 든다. 틀 안에서 벗어나려 발버둥치지만, 속에서 자라 버린 집게발이 엉키면서 결국 제자리로 돌아오는 걸 반복하는 모습이 딱 그렇다. 이미 탈출에 성공해서 더 높고 넓은 세상으로 가고 싶은 이들과의 만남도 있긴 하지만, 대부분의 인연은 그들만의 소쿠리 안에 갇힌 채 시작된다.

사람들은 누구나 하루를 꽉 채워가며 산다. 아닐 수도 있다고? 무엇을 채워가며 살든 잠시라도 삶의 채움이 중단되는 건 있을 수 없다. 그건 장례식의 주인공이 된다는 얘기니까. 죽지만 않으면 '멍'이라도 때리면서 살아간다는 거다. 당연히 모두에게 수많은 경험이 있다. 드라마처럼 극적인 사건도 있고, 심심해 죽기 직전까지 갔던 어느 주말 오후의 기억까지, 우리는 매 순간 무언가를 '경험'하며 살아간다. 그리고 그런 경험을 할 때마다 생각도 조금씩, 아주 조금씩 변해간다.

시골 밤하늘 별들처럼 빽빽하게 쌓인 경험과 생각의 별빛들 중에 마음 가는 몇 개를 이어보면 새로운 별자리가 된다. 그렇게 눌려 있던 생각, 희미해진 경험을 찾아가며 '나의 스토리'를 재구성하고 나면, 거의 예외 없이 같은 반응을 보인다.

"분명 내 얘기 맞긴 한데… 내가 정말 이렇게 괜찮은 사람일까요? 이거 보면 친구들이 웃을 것 같은데…."

'무의식 속에 깊이 숨어 있던 나'를 처음 만나는 순간 주변 시선이 걱정도 되지만, 설명하기 어려운 설렘을 느끼던 사람들에게서 매번 들었던 말이다. 분명히 거짓은 없는데, 그렇다고 '이게 바로 나'라고 선뜻 받아들이기도 쉽지 않은 첫 만남. 결국 '새로운 나'를 인정하고 받아들이게 되면 자신감이 살짝 고개를 들고 본격적으로 행복한 상상을 하게 된다.

고생 끝 행복 시작!
과연 술술 풀리는 일만 남았을까?

“설렘은 오래가지 못한다.”

모두가 아는 것처럼, 사는 게 그렇게 쉽고 만만할 리가 없다.

출퇴근길과 시장통을 채우는 일명 ‘평범한 사람들’. 누구나 책 한두 권 정도는 너끈히 채울 만큼 고뇌와 삶의 이야기로 가득하다. 모자라서 어려운 게 아니다. 오히려 꽉꽉 채워왔던 그 삶이 어렵게 만난 ‘또 다른 나’가 자리 잡는 것을 방해한다. 아이러니하지만 현실이다.

첫 만남의 설렘은 오래가지 못한다.

목차

2부

눈치와 마음소릿길

3부

이미 괜찮은 내 안의 원석

4부

여행 준비물 다섯 개

5부

게소리 마음소리

1부

세 가지
상식이 궁금해

첫 번째 소리. 경청, 정말 먼저일까?

두 번째 소리. 공감, 하는 거야? 되는 거야?

세 번째 소리. 배려, 도대체 어디까지?

들어보세요
당신의 게소리

첫 번째 소리

경청,
정말 먼저일까?

1-1

외계인 찰스와 응급처치

북극성 근처 꽃게별에서 온 외계인 찰스는 지구별 '인싸'가 되고 싶었다. 수학여행 중 혼자 불시착한 찰스를 안타깝게 생각한 몇몇 지구인들이 조언을 해줬다.

"찰스, 넌 지구 말을 잘 못하니까 우선 응급처치를 해줄게. 인간들과 잘 지내려면 우선 호감을 얻고 관계를 잘 만드는 게 중요하거든. 그러려면 말이지, 경청을 잘해야 해."

가만 보니 여기저기 미소와 함께 고개를 끄덕이며 '경청'하는 사람들이 바글바글했다.

'아하, 이 정도야 뭐, 어차피 꽃게별 말도 별로였던 나한테 완전 딱!'

찰스는 신이 났다. 인터넷 강의를 닥치는 대로 보고 들으며 기술을 익혔다.

지구에서 인싸 되는 경청 스킬!
눈빛으로 듣는 법!
듣다 지치면 허벅지를 쑤셔라!

점점 다른 지구인들과 소통이 많아졌다. 그때마다 거대한 눈알이 시뻘게질 때까지 따뜻한 눈빛을 발사하며 고개를 끄덕였다.

"오오!", "아, 정말? 이런 나쁜 놈!", "에고, 진짜 힘들었겠다…."

다채로운 리액션, 잘 이해는 안 됐지만 적절하게 구사하는 '끄덕끄덕 기술'을 습득한 찰스는 점점 많은 지구인들의 호감을 얻기 시작했다.

"우리 찰스, 리액션 부자!", "정말 잘 들어주는 친구야!"

귀와 눈을 열어 놓고 경청 소통에 임할 때마다 받는 지구인들의 칭찬 스티커가 하나둘씩 쌓여 갔다.
'역시, 이거였어! 이제 조금만 더 모으면 스티커 백 개! 크크크.'

찰스는 점점 더 경청에 몰두했다.

1-2

무급 코치 심청

의뢰인으로 만나 인연이 된 후 벌써 10년 넘게 친구로 지내는 입시학원 강사팀이 하나 있다. 다들 성격도, 가르치는 스타일도 제각각인 개성 넘치는 그룹이다. 단골 횟집에서 모임을 할 때 나도 초대할 때가 있는데, 이런저런 수다의 재미가 제법 쏠쏠한 시간이다.

결혼 후 자기 학원을 차리고 요즘은 서울 마포에서 수학을 가르치는 심청(가명) 씨. 그녀는 20대 중반 새내기 강사였을 때부터 나와 인연이 된 횟집 팀 고정 멤버다. 팀의 지정 힐러이자 인간 비타민으로 통하는 따뜻한 사람이다. 누군가 힘든 일이 있으면 귀신같이 알아채고 먼저 말을 걸어 주고 묵묵히 이야기를 들어주는 '경청 능력자'다. 자기 학원을 열고 나서는 학부모, 동네 친구들이 머물다 가는 경우가 많아졌는데, 그럴 때마다 상대는 위로를 받았고 고맙다는 칭찬 스티커를 던져 주곤했다.

심청 씨는 자신이 사람들에게 꼭 필요한 존재라는 느낌이 좋았다. 문제는 그 칭찬 스티커에 중독성이 있었다는 점이다. 아무도 찾지 않는 날은 편안함보다는 허전함을 느꼈고, 언젠가부터 학원 홍보를 핑계로 동네 다과회까지 열면서 사람들과의 소통을 즐겼다고 한다.

그런 심청 씨가 스스로 '번아웃' 단추를 눌러버린 이야기다. 그녀의 전화기는 어느새 '대나무숲'이 되어 있었다. 표현을 빌리자면, 마치 '감정의 무이자 대출' 창구를 연 것 같았다고 한다. 사람들은 심청 씨에게 하소연하고, 위로받고, 자신의 감정이 정리되면 훌훌 털고 떠나곤 했다. 그야말로 졸지에 무급 상담사이자, 동네의 비공인 라이프 코치가 된 심청.

"언니, 나 너무 힘들어."
"심청 선생님, 아니 글쎄… 내 얘기 좀 들어봐요."

그녀는 물리적으로 불가능한 상황이 아니라면 거의 모든 요청에 'YES'를 부르면서 살아가고 있었다. 사건은 그녀의 모든 에너지가 경고등 없이 방전되어 버린 어느 날 아침에 터졌다. 학생들의 시험 준비 기간이라 며칠 밤샘 작업으로 눈은 토끼처럼 충혈되고, 기피로 위장을 절여 가며 겨우 버티고 있던 시간. 근처 학원에서 근무하는 친구의 벨소리가 울렸다. 그 순간, 심청 씨는 처음으로 자신의 마음에서 들려오는 비명을 들었다고 했다.

'제발, 오늘은 나 좀 내버려둬!'

그녀는 떨리는 목소리로 생애 첫 거절을 감행했다.

"미안해, 내가 지금은 도저히 이야기를 들어줄 상황이 아니야. 정말 미안. 다음 주면 조금 여유 생기니까 그때 내가 전화할게."

하지만 생각보다 오랫동안 바쁘고 여유 없는 상황이 계속되었고, 거의 한 달이 지나서야 친구에게 연락할 수 있었다.

"변했어. 너 옛날엔 안 그랬는데."

여느 때처럼 일방적인 수다가 이어지면서 친구가 농담처럼 던진 말이다. 그런데 그날 어떤 화학작용이 뇌 속에서 일어났던 것 같다. 그 말을 듣는 순간 갑자기 불꽃이 튀면서 인당수를 찾아 떠나고 싶다는 생각이 들었다.

'아, 나는 그저 친구들이 필요할 때 언제든 쓸 수 있는 편리한 유틸리티였구나.'

상시 무료로 제공되던 서비스가 갑자기 중단되자, 서비스의 질이 떨어졌다며 불만을 제기한 것이다. 그동안의 헌신은 당연한 그들의 권리가 되었고, 한 번의 거절은 배신이 되어 있었다.

심청 씨의 경우가 조금 과하기는 했어도 상황 자체가 특별한 것은 아니다. 크고 작은 각종 모임과 단체, 개인들의 관계에서 이런 경우는 어렵지 않게 찾을 수 있다. 경청의 중요성은 날이 갈수록 여기저기서 강조되고 유행처럼 번지고 있다. 좋은 관계를 위한 경청 기술을 가르치고 배우는 사람들도 날로 늘어나고 있다. 그런데 그런 기술이 정말 먼저일까?

프로들은 돈이라도 받는다. 게다가 상담 시간을 정하고, 명확한 경계도 긋는다. 하지만 선의로 시작한 자발적 아마추어 코치들은 경계 없이 모든 것을 내어 주다가, 결국엔 관계의 배신감과 서운함을 떠안게 된다. 좋은 관계를 위해 노력한 경청의 대표적인 부작용이다.

맹목적 듣기는 많은 전문가들이 말하는 경청이 아니다. 오히려 더 안 좋은 결과를 낳기도 한다. 그렇다면 외계인 찰스처럼 좋은 관계를 만들고 싶거나, 심청 씨처럼 순수한 마음으로 기꺼이 바다에 뛰어들어 주는 '자기 희생형 힐러'들은, 과연 무엇에 먼저 관심을 두어야 하는 걸까?

1-3

모기와 그놈

모기는 때만 되면 찾아와 앵앵거리고,
그놈은 때만 되면 찾아와 징징거린다.

모기는 피를 빨아먹지만,
그놈은 기를 빨아먹는다.

모기와 밤을 새우면 얼굴에 상처가 남고,
그놈과 밤을 새우면 마음에 상처가 남는다.

모기는 피떡을 만들면 꿀잠이 오고,
그놈은 피떡을 만들면 벌금이 온다.
.
.
.

때로는 나도 그놈이 된다.

1-4

데일 카네기 편식

일종의 종교가 된 인간관계에 관한 가르침이 있다. 교주의 이름은 '데일 카네기'. 그가 1936년에 쓴 '인간관계론'은 기독교의 성경 다음으로 많이 팔렸다는 말이 있을 정도로, 막강한 세력을 가진 비공식 종교다. 서점의 가장 좋은 자리에는 그의 책이 놓여 있고, 수많은 리더와 '자칭 평범한' 사람들이 그의 가르침을 '인간관계 바이블'로 여기며 살아간다.

카네기가 교육과 험한 세일즈 현장을 뛰어다니며 얻은 이 풍성하고 성스러운 깨달음 모음집은 실제로 꽤 유용하다. 하지만 아무리 풍성한 상차림에서도 유독 달콤하고 부드러운 음식들은 있는 법. 사람들은 자신의 필요와 입맛에 맞는 접시를 집중적으로 비우는 편식에 여념이 없는 것 같다.

비판 대신 꿀 같은 칭찬을 건네는 법, 상대의 이름을 꿀에 찍어 발라 주듯 다정하게 부르는 법, 그리고 '경청'에 대한 가르침

말이다.

"최고의 대화 상대는, 말을 잘하는 사람이 아니라 잘 들어주는 사람이다."

아름답고 숭고한 말이다. 이 구절은 '인간관계의 제1원칙'으로 자리 잡았고, 좋은 사람이 되기 위해, 좋은 관계를 맺기 위해 가르침을 실천하려고 눈과 귀를 열어 놓고 산다.

그런데 현실은 생각만큼 숭고하고 아름다운 모양으로 그려지지 않고 있는 듯하다. 그의 가르침대로 좋은 사람이 되려고 애썼을 뿐인데, 에너지 소진으로 힘들어하는 사람들의 비명이 여기저기서 터져 나오고 있다.

왜 선의는 종종 이용당하고, 나의 경청은 어느새 '감정 쓰레기통' 역할이 되어버리는 걸까?

혹시 카네기가 사이비 사기꾼 교주? 의심의 칼날을 세우고 그의 가르침을 샅샅이 뒤져 보면 그 양반 잘못은 아닌 것 같다. 인간의 소통 환경 자체도 비교가 무의미할 정도로 바뀐 탓도 있겠지만, 역시 가장 큰 이유는 앞에서 말한 지독한 '편식' 때문이다. 잠깐 이 인간관계 바이블의 진짜 제목을 살펴보자.

'How to Win Friends and Influence People'

아주 많은 사람들이 '친구를 얻는(Win Friends)' 달콤한 기술에는 열광했지만, 정작 책의 궁극적 메시지인 '사람에게 영향을 미치는(Influence People)' 부분을 놓치고 있는 것 같다. 영향력 행사라는 뚜렷한 목적이 담긴 메인 요리는 조금 과장해서 거들떠보지도 않는 것이다. 이유가 뭘까?

우선 눈에 보이는 확실한 이유 하나는, 남을 움직이고 영향력을 갖는다는 말의 부정적 어감 때문이다. 특히 한국 사회에 유독 깊게 뿌리내린 관계에 관한 정서, 진정성에 대한 무언의 압박 등은 그런 현상을 더욱 부추긴다.

데일 카네기는 서재에 앉아 인간의 본성을 사유하던 철학자가 아니었다. 광활한 미 대륙에서 온갖 물건을 팔아야 했던 프로 세일즈맨이었다. 지난한 삶의 궤적과 현장의 생존 철학을 정리한 그의 모든 기술은, '좋은 사람'이라는 평판을 얻는 것을 넘어, "내가 원하는 반응과 결과를 상대가 기꺼이 수용하고 기꺼이 만들어내게 하는" 명확한 목적을 가진 전략 그 이상도 이하도 아니다.

그가 말한 '경청'은 순수한 자기희생이나 봉사가 아니었다. 상대방을 무장해제시키고, 그의 가장 깊은 욕망을 파악하여, 마침내 내 편으로 만들어 '영향력'을 발휘하기 위한, 고도로 계산된 세일즈 기술의 정점이다. '듣는 행위'를 통해 '말하는 행위'보다 더 강력한 설득의 무기를 손에 쥐라고 말하고 있는 것이다.

기왕에 교주로 대우할 거면, 가르침의 본질을 조금 더 적극적으로 해석하면서 제대로 좀 해드리는 게 좋지 않을까?

1-5

뫼비우스와 쾌도띠마

서기 540년경, 중국 남북조시대. 동위(東魏)의 막강한 권력자이자, 사람의 본질을 꿰뚫어 보기로 유명했던 고환(高歡)의 저택에, 이 세상 사람 같지 않은 행색의 서역인이 찾아왔다. 자신을 19세기 독일에서 온 수학자 '뫼비우스'라 소개한 그가 말했다.

"나는 당신들의 미래에서 왔소."

고환은 호탕하게 웃으며, 이 기이한 손님에게 가장 좋은 차를 내어 주고는 물었다.

"미래에서 온 손님이여, 이 낡은 시대의 나에게 무슨 볼일이 있는가?"

뫼비우스는 회심의 미소를 지으며 품속에서 가늘고 긴 종이띠 하나를 꺼내 보였다. 평범해 보이지만, 한쪽 끝이 한 번 꼬여 붙어있는 기묘한 모양이었다.

"대승상, 당신의 아들들이 천하의 준재라 들었소. 내가 만든 이 '영원의 감옥'에서, 그들이 과연 빠져나올 수 있는지 시험을 해보고 싶소이다. 이 띠의 표면에서 출발하여, 단 한 번도 길을 벗어나지 않고 탈출하는 자가 있다면, 내가 가진 미래의 보물을 모두 드리리다."

그 시절 독일에 무슨 일이 있었는지 모르겠지만 뫼비우스는 옛날 중국 사람들과도 한국의 사극 스타일로 소통을 잘했다. 고환은 이런 상황이 흥미롭다는 듯 제안을 받아들여 아들들을 모두 불러 모았다.

첫째 아들부터 막내아들까지, 모두가 이 신기한 띠를 받아들고는 진땀을 흘렸다. 붓에 먹을 찍어 선을 따라가 보기도 하고, 손가락으로 더듬으며 띠의 끝을 찾아 헤맸다. 하지만 결과는 매번 같았다. 띠의 안쪽이라 생각했던 길은 어느새 바깥쪽이 되어 있었고, 그 길은 다시 안쪽으로 이어졌다. 영원히 끝나지 않는 길. 아들들의 얼굴에는 당혹감과 패배감이 짙게 깔렸다.

"내 그럴 줄 알았소. 인간의 이성은, 이 완벽한 2차원의 저주를 이길 수 없소이다."

자만심 가득한 미소가 뫼비우스의 얼굴에 번졌다. 그때까지 아무 말 없이 그 광경을 지켜보던 둘째 아들, 고양(高洋)이 앞으로 나섰다. 그는 뫼비우스의 띠를 잠시 들여다보더니, 뫼비우스를 향해 물었다.

"이 길은, 걸을 가치가 있는 길이오?"

그는 대답을 기다리지도 않고 허리에 찬 날카로운 칼을 뽑아 들었다. 모두의 시선이 그의 칼끝에 집중되었다. '저 띠를 세로로 잘라 더 큰 고리를 만들려는 것인가?' 하는 기대감이 감도는 순간, 고양은 모두의 예상을 깨고, 그 종이띠를 옆에 있던 탁자 위에 아무렇게나 던져 놓았다. 그리고는, 망설임 없이 칼을 내리쳐 띠의 허리를 단칼에 잘라 두 동강 내버렸다.

영원의 고리는 이제 그저 의미 없는 두 개의 종잇조각이 되었다. 고양은 그 조각들을 아무렇지 않게 손으로 쓸어, 옆에 있던 화로에 던져 버렸다. 종이는 순식간에 한 줌의 재로 변했다. 뫼비우스가 경악하며 소리쳤다.

"아니, 이 무슨 무례한…! 내 완벽한 문제를! 당신은 본질을 오해했군. 이 띠는 무한한 가능성의 상징이오!"

고양이 재가 된 띠를 가리키며 담담하게 말했다.

"당신이 준 것은 '무한한 가능성의 길'이 아니라 감옥이었소. **벗어날 수 없는 길이라면, 그 길 위에서 헤맬 것이 아니라, 그 길 자체를 없애고 새로운 길을 만드는 것이 현명한 자의 방식이오.**"

그 순간, 고환은 자리에서 일어나 박장대소하며 아들의 어깨를 두드렸다.

"옳거니! 내 아들이 '쾌도난마(快刀亂麻)'의 지혜를 아는구나! 헝클어진 실타래는 푸는 것이 아니라 자르는 것이고, 갇혀 버린 길은 걷는 것이 아니라 버리는 것이다!"

그리고 멍하니 서 있는 뫼비우스를 보며 말했다.

"미래의 현자여, 똑똑히 보시오. 엉킨 문제를 베는 것을 '쾌도난마'라 한다면, 내 아들이 보여준, 우리를 함정에 빠뜨리는 문제의 '판' 자체를 베어 버리는 지혜를, 오늘부터 '쾌도띠마(快刀띠麻)'라 부를 것이오!"

……

우리의 삶에도 수많은 뫼비우스의 띠가 있다. 벗어나고 싶지만 벗어날 수 없는 관계의 공식, 끊어 내고 싶지만 끊어 내지 못하는 생각의 악순환. 그 길 위에서, 어떻게든 길을 찾으려 애쓰며 에너지를 낭비한다. 때로는, 그 띠 위에서 길을 찾는 것을 멈춰야 한다. 그리고 고양처럼 물어야 한다.

'이 길, 계속 걸을 가치가 있는가?'

그리고 필요하다면 그 띠를 잘라 화로에 던져 버릴 용기가 필요하다. 물론 모든 문제를 이렇게 해결할 수는 없다. 하지만 나를 옥죄는 '가짜 문제'들, 예를 들어 애초부터 잘못 받아들여진 경청의 법칙 같은 것들은 과감히 잘라 내고 되돌아보는 것이 효율적이다.

그것이 바로, 나를 귀하게 여기고 아껴주는 삶의 시작이라고 나는 보는데, 책을 읽고 계신 현자들은 어떠하시오?

뒷담 소리 01

카네기 아저씨. 심청이 내 큰 눈을 보며 잘 들어줘서 고맙다고 했는데, 정작 나는 기가 다 빨려서 방전됐다. 이건 뭐, 지구의 모기한테 피를 빨리면서 칭찬받는 기분이다. 물론 모기는 나쁜 놈이고 나는 착한 일을 한 거라 다르다고 생각하는데… 도대체 왜 이런 결과가 나온 거냐? 아저씨의 가르침은 결국 '착한 희생자'가 되라는 말이었나?

찰스. 자네의 그 혼란스러움이 바로 핵심에 닿아 있네. 모기가 피를 빨든, 누군가 기를 빨든, 나의 에너지를 잃는다는 본질은 같지. 선한 의도만으로는 자기를 지킬 수 없다네. 내 가르침은 결코 희생하라는 말이 아닐세. 오히려 그 반대지. 자신을 온전히 지켜낼 때 비로소 그 경청이 상대를 움직이는 진정한 힘과 영향력을 갖게 된다는 것, 그것이 내가 전하고 싶었던 진짜 메시지라네.

들어보세요
당신의 계소리

두 번째 소리.

공감,
하는 거야?
되는 거야?

2-1

[아재사설 작성 중]
국민 필수 감성

(에헴. 또 근사한 글로 사람들을 가르칠 때가 된 거 같지? 도대체, 요즘 사람들은 아무리 말해도 듣지를 않는단 말이야. 나처럼 나라가 어려울 때 나라를 구하고 발전시킨 세대가 자꾸자꾸 말을 해 줘야 고생을 모르고 커서 철없는 애들이 정신을 차리지. 뭘 모르는 어설픈 놈들이 이런 생각을 선민의식이라고 하지만, 지들도 나이 들고 현실을 몸으로 느껴 보면 알게 될 거니까. 그때까지 계속 꿋꿋하게 알려줘야 해. 그럼! 내 세대가 아니면 누가 이런 걸 하겠어! 자 그럼 써볼까. 흠… 어디부터 시작해야 하나….)

현대 사회를 살아가는 개인에게 요구되는 가장 중요한 덕목을 하나만 꼽으라면, 많은 이들이 '공감(Empathy)'을 택할 것이다. 기업의 리더는 직원의 마음에 공감해야 하고, 정치인은 유권자의 고통에 공감해야 하며, 우리는 친구와 가족의 일상에 공감하며 관계를 유지한다. 공감은 개인의 인격을 넘어 사회 시스템을 유지하는 핵심 가치로 자리매김했다. 하지만 인류의 역사에서 공감이 이처럼 중요한 시대정신으로 부상한 것은 그리 오래된 일이 아니다.

(오! 오늘 좀 글이 되는 거 같군. 좋아. 이렇게 계속 가보는 거야! 크… 벌써부터 어리석은 대중들이 내 지성을 향해 환호하는 소리가 들리는 거 같군.)

공감은 20세기 중반까지만 해도 대중적 개념이라기보다 심리학, 특히 상담 치료 영역에서 다뤄지던 전문 기술에 가까웠다. 인본주의 심리학의 대가 칼 로저스는 성공적인 심리 치료의 3대 핵심 요소로 진실성, 무조건적 긍정적 존중, 그리고 '공감적 이해'를 꼽았다. 이는 상담자가 자신의 가치관을 내려놓고, 내담자의 입장에서 그의 내면세계를 깊이 이해하며 함께 머무는 고도의 훈련을 의미했다. **이때의 공감은 상처받은 내담자를 대하는 전문가의 섬세하고도 신중한 직업윤리였지, 모든 이가 일상적으로 갖춰야 할 보편적 교양은 아니었다.**

(좋아. 이거저거 확인해 보니까 맞는 거 같다. 원래부터 알고 있던 내용인 척해야지. 지식인으로서의 권위가 생기니까. 계속 이렇게 가보는 거야. 다음은 뭐더라….)

공감이 치료실을 벗어나 우리 모두의 과제가 된 결정적 변곡점은 1995년, 대니얼 골먼이 '감성지능(Emotional Intelligence)'을 출간하면서부터다. 이 책은 IQ로 대표되던 지능 중심의 세상에 새로운 패러다임을 제시했다. 자기 자신과 타인의 감정을 이해하고 조절하는 능력, 바로 EQ(감성지능지수)가 개인의 성공과 행복에 더 결정적인 역할을 한다는 사실을 세상에 알렸다. 골먼은 이 감성지능의 핵심 구성 요소로 자기 인식, 자기 조절, 동기 부여, 사회성, 그리고 '공감 능력'을 지목했다. 이때부터 공감은 더 이상 소수의 전문가를 위한 기술이 아닌, 성공적인 삶을 꿈꾸는 모든 이가 갖춰야 할 필수 역량으로 자리 잡기 시작했다. 유능한 리더는 부하 직원의 고충에 공감하며 동기를 부여하고, 뛰어난 세일즈맨은 고객의 숨겨진 욕구에 공감하며 마음을 얻는다. **공감은 이제 따뜻한 마음씨의 증명을 넘어, 개인의 사회적 경쟁력을 입증하는 중요한 역량이 된 것이다.**

21세기 뇌과학의 발전은 이러한 흐름에 과학적 신뢰성이라는 날개를 달아 주었다. 이탈리아의 신경과학자들이 발견한 '거울 뉴런(Mirror Neurons)'은 타인의 행동이나 감정을 볼 때, 마치 내가 직접 행동하고 느끼는 것처럼 뇌의 같은 영역이 활성화된다는 사실을 밝혀냈다. 이는 공감이 단순한 심리적 현상을 넘어, 인간의 뇌에 깊이 각인된 생물학적 본능임을 시사하는 것이었다. 공감은 이제 거스를 수 없는 인간의 기본값이자, 과학이 보증하는 소통의 핵심 원리로 그 위상을 공고히 했다.

(뭔가 멋진 말 같다. 무슨 말인지 나도 살짝 헷갈리긴 하는데, 뭐, 그래도 내가 이쪽 분야 전문가로 알려져 있는데 설마 의심 같은 건 못할 테니까, 크크크. 자, 이쯤에서 요즘 애들 말로 뼈 때리는 인터넷 얘기로도 연결 한번 해줘야겠지? 그럼, 일단….)

인터넷과 소셜 미디어의 확산은 공감의 무대를 전 지구적으로 확장시켰다. 과거 우리의 공감이 주로 얼굴을 마주하는 이들에게 향하는 '깊고 좁은 우물' 같았다면, 이제는 클릭 한 번으로 지구 반대편의 재난 피해자나 사회적 이슈의 당사자에게 마음을 전할 수 있는 '넓고 얕은 강'의 시대가 열렸다. 이는 인류가 시공간을 초월해 연대할 수 있는 긍정적 가능성을 보여 주었지만, 동시에 새로운 과제를 안겨 주었다. **수많은 정보 속에서 진정성 있는 공감과 피상적인 동조를 구분해야 하며, 끊임없이 쏟아지는 감정의 파도 속에서 소진되지 않고 자신의 중심을 지켜야 하는 어려움에 직면하게 된 것이다.**

(그래, 이거야. 지구적이고 인류 얘기 정도는 들어가야 내 권위가 더 살지. 근데, 나도 점점 무슨 말인지 모르겠군. 뭐, 누가 알겠어. 그냥 가자. 아니지? 이렇게만 하면 내 공감 능력에 의심을 품는 놈들이 있을 수 있으니까….)

물론 타인의 세계에 접속하는 일은 때로 버겁고, 무한한 공감을 요구하는 시대는 우리에게 피로감을 안겨 주기도 한다. 하지만 이것이 우리가 마주한 현실이다. 더 나은 개인과 사회로 나아가기 위해 외면할 수 없는 과제이기도 하다. 공감 능력은 타고나는 천성이기만 한 것이 아니라, 의식적인 노력을 통해 단련할 수 있는 근육과 같다. 타인의 입장을 헤아리려 애쓰고, 그의 감정을 있는 그대로 존중하며, 그 과정에서 나 자신의 세계 또한 확장되는 경험을 포기해서는 안 된다.

(그래. 이 정도는 이해한다는 걸 알려 줘야 다들 눈물을 흘리면서, 공감의 중요성을 더 격하게 깨달을 거야. 다시 읽어봐도 이 부분은 정말 멋있는 거 같다. 그럼, 마무리를….)

결국, 한 사람의 세계를 이해하려는 노력은 나 자신을 성장시키고, 우리 공동체를 더 신뢰가 깊은 곳으로 만드는 가장 근본적인 동력이다. 그 힘을 믿고 꾸준히 서로의 마음에 귀기울이는 노력을 이어 나가는 것. 그것이야말로 이 복잡하고 분열된 시대를 살아가는 우리 모두에게 요구되는 진정한 의미의 지성이자, 성숙한 시민의 책무일 것이다.

(에헴! 성숙한 시민의 책무! 항상 이거로 마무리해야 애들한테도 좋은 거니까, 이 정도로 끝내면 될 거 같다. 좋아 좋아. 오늘도 지적이고 권위 있는 지식인 역할 하느라 고생했으니까, 이 정도로 하고, 얼릉 가서 정마담이랑 남겼던 양주 비우고 와야겠다. 기다려 정마담!)

2-2

여보세요, 아저씨

여보세요, 아저씨. 저는 심청이라고 하는데요. 조금 전에 아저씨가 쓰신 그 길고, 빽빽하고, 지루한데, 묘하게 설득력이 느껴지면서도, 이상하게 거부감이 살짝 느껴지는 [아재사설], 잘 읽었습니다. 읽다가 문득 궁금한 게 생겨서요.

공감, 그거… 아저씨는 혹시 잘 되시나요?

오해는 마세요. 아저씨 말씀이 틀렸다는 게 아니에요. 공감, 중요하죠. 안 중요하다고 생각하는 사람이 어디 있겠어요. 그래서 저도 나름 노력하며 살거든요. 친구가 인생이 고달프다며 술 한잔 사달라고 하면 만사 제쳐두고 달려가고요. 직장 동료가 상사 때문에 못 살겠다고 커피 한잔하자고 하면, 제 안의 모든 긍정 회로를 돌려 위로의 말을 건네준답니다.

그러고 나면 친구는 “역시 너는 내 마음의 심리상담사야.”라며 엄지를 치켜세우고, 저도 잠시나마 누군가에게 꼭 필요한 사람이 된 것 같아 뿌듯해졌어요. **그때는 그게 무슨 훈장인 줄 알았어요. 지금 생각하면 그냥 ‘무급 감정 노동자’ 인증 스티커였는데 말이에요.**

문제는, 요즘 들어서 제 마음이 항상 그렇게 성인군자 모드로 유지가 잘 안된다는 겁니다. 어떤 날은 길 가다 비 맞는 길고양이만 봐도 마음이 짠해서 발을 동동 구르는데, 또 어떤 날은 바로 옆에서 펑펑 우는 친구를 보면서도 마음이 바싹 마른 사막처럼 고요할 때가 있어요. 제 의지와는 상관없이 마음속 공감 스위치가 그냥 먹통이 되어 버리는 거죠.

마치 낡은 와이파이 공유기 같아요. 어쩔 땐 5G 속도로 상대방 감정에 접속했다가도, 어쩔 땐 아무리 ‘마음 껐다 켜기’를 반복해도 연결이 안 되는, 뭐랄까… 연결되고 싶다고, 진심으로 공감하고 싶다고 아무리 애를 써도, 마음속 모니터에는 ‘신호 없음’이라는 글자만 깜빡거리는 것 같아요.

특히 제 생활 배터리가 자동 절전 상태로 들어가는 날은 더 심각해져요. 야근에 주말 근무로 너덜너덜해진, 지하철 창문에 비친 제 얼굴을 본 적 없으시죠? 다크서클이 턱까지 내려온 핼쑥한 좀비 한 마리가 앉아 있더군요. 가는 날이 장날이라고 딱 바로 그런 날, 친구에게서 전화가 옵니다. 또 애인이랑 싸웠다고. 아,

이 커플의 연애사는 시즌 18쯤 되는 막장 드라마 같아요. 주인공들만 그걸 몰라요.

어쨌든 그럼 제 머릿속은 하얘져요. 머리로는 '친구야, 힘들었겠다, 또 그 자식 문제구나.' 백만 번 시뮬레이션을 돌리는데, 마음으로는 '아, 내 영혼은 누가 충전해 주나!' 하는 비명이 먼저 터져 나와요.

이 두 개의 소리 사이에서 저는 길을 잃습니다. 결국 한참을 침묵하다, 영혼 없는 목소리로 "그랬구나, 정말 힘들었겠다."라며 기계적인 리액션을 내뱉고 있는 저를 발견하죠. 근데 이건 공감이 아니라 그냥 연기잖아요. 친구를 속이고, 결국엔 나 자신까지 속이는.

통화가 끝나고 나면, 진심으로 위로해 주지 못했다는 미안함, 내 힘듦을 털어놓지 못했다는 서러움, 그리고 이런 상황에 대한 답답함이 한꺼번에 몰려와요. 그리고 마지막엔 늘 같은 결론에 도달하죠.

'나는 왜 이 모양일까. 친구의 고통에 무감각해진, 참 이기적인 인간이구나.'

아니, 근데 이걸 왜 아저씨한테 이렇게 소상히 다 털어놓고 있는 거죠? 요즘은 누가 내 얘기를 들어주는 시늉만 해도 이런 말들이 자동으로 터져 나오네요. 얼마 전에는 꽃게같이 생긴 외계인을 앉혀 놓고 떠들기도 했다니까요. 조그만 녀석이 큰 눈을 끔벅끔벅하면서 들어주는데 정말 고맙더라고요. 요새 저 진짜… 왜 그러는지 모르겠어요. 이것도 무슨 공감 사회의 부작용인가? 아무튼.

아저씨는 사설 말미에 우리 모두 함께 노력해야 한다고 하셨죠. 그 '노력'이라는 말이, 어쩔 땐 참 아득하고 폭력적으로 들립니다. **비행기에서 산소가 부족하면 내 마스크부터 챙기라고 하는데, 제 마음의 산소 농도는 이미 바닥을 보이고 있는 상태에서 남의 마스크까지 씌워 주려 애쓰는 게 과연 옳은 노력일까요?** 그러다 둘 다 질식하면, 그땐 누가 책임져 주나요?

그래서 정말 궁금해서 다시 여쭤보는 거예요, 아저씨. '노력하자'는 그 위대하고 아름다운 말씀 말고요. 저처럼 마음의 에너지가 방전된 사람들은, 대체 어디서부터, 무엇을, 어떻게 시작해야 하나요? 그냥 '노력'이라는 두 글자 앞에서는, 솔직히 안 되는데 어쩌라는 건지, 막막합니다.

2-3

앙드레 마지노

아저씨 얘기 하나 더 해볼까? 앙드레 마지노. 20세기 초 프랑스의 국방부 장관으로, 그 유명한 '마지노선(Maginot Line)'을 만든 아저씨다. 거대하고, 비쌌으며, 그리고 하필이면 결정적 순간에 쓸모없었던 건축물 중 하나를 만든, 뭐 그런 분야에서는 전설적인 아저씨다.

마지노선 구상은 1920년대부터 프랑스 정치권에서 치열한 논쟁을 벌였다. 마지노를 비롯한 추진파는 의회에서 지속적으로 이 계획의 필요성을 역설했다. 진정성을 무기로 이 프로젝트의 당위성을 설파했다. 물론 이 거대한 프로젝트가 도장 하나 찍는다고 순탄하게 진행됐을 리 없다. 당시 프랑스 내부에서도 반대는 어마어마했다.

"그 돈으로 차라리 최신식 탱크와 비행기를 만들자!"

“엄청난 군비 지출은 나라 경제를 거덜 낼 것.”
“평화를 원한다면서 왜 거대한 요새를 짓느냐?”

군부, 정치인, 평화주의자들까지. 사방이 온통 반대와 의심의 목소리를 내기 시작했다. 이런 상황에서 그의 가장 강력한 무기는 화려한 논리가 아니었다. 바로 전쟁터에서 얻은 자신의 절뚝거리는 다리와 끔찍한 기억이었다. 결국 그의 진심과 절박함은 수많은 논리를 이겼고, 프랑스는 그의 꿈에 투자하기로 결정했다.

이 아저씨, 대체 왜 이런 어마어마한 ‘삽질’에 목숨을 걸었던 걸까? 단순히 뭘 잘 모르는 사람이었을까? 천만에. 그는 누구보다 절박했다. 그의 시작은 ‘공감’이었다. 그것도 아주 숭고하고 뜨거운 공감 말이다.

앙드레 마지노는 정치인이기 전에, 제1차 세계대전이라는 지옥의 불구덩이를 온몸으로 겪어낸 참전 용사였다. 수십만 명의 젊은이들의 영혼을 진흙탕에 갈아 넣었던 끔찍한 곳에서 싸우다 다리에 평생 가는 총상까지 입었다. 참호 속에서 동료들이 포탄에 찢겨 나가고, 독가스에 숨 막혀 죽어가는 걸 바로 옆에서 지켜봐야 했다. 그에게 전쟁은 신문 기사가 아니라, 자신의 살과 뼈에 새겨진 고통 그 자체였다. 전쟁이 끝나고 정치인이 된 전쟁 경험자로서 그는 방어 중심의 군사 전략이 프랑스의 미래 안보에 필수적이라고 확신했다.

이건 그 혼자만의 생각이 아니었다. 당시 프랑스 전체가 거대한 트라우마에 시달리고 있었다. 전쟁으로 남자 한 세대가 통째로 삭제되다시피 했고, 모든 국민이 전쟁 소리만 들어도 경기를 일으켰다. 마지노의 개인적 트라우마는 프랑스 국민 전체의 집단적 트라우마와 공명했다. 그는 국민의 고통에 누구보다 깊이 '공감'했고, 그들을 지켜 주겠다고 굳게 약속했다.

그렇게 탄생한 것이 바로 마지노선이다. 그의 숭고한 공감이 만들어낸 강철과 콘크리트의 결정체. 주요 방어선 길이 약 280km. 지하 통로와 환기 장치, 병사들을 위한 기본적인 생활 시설을 갖춘, 그야말로 지하 도시이자 움직이지 않는 거대한 '강철용'이었다.

결과는 세상에 알려진 대로다. 히틀러의 독일군은 이 어마어마한 요새를 정면으로 공격하는 대신, '여긴 길이 없겠지.' 하고 방심했던 아르덴 숲을 통해 쓱 우회해 버렸다. 최첨단 현관 도어록을 설치하고 뿌듯해하는데, 도둑이 열려 있는 2층 창문으로 들어온 꼴이었다. 막대한 국가 예산을 투입한 마지노선은 제대로 싸워보지도 못하고 순식간에 세계 최대 규모의 군사 박물관이 되어 버렸다. 프랑스를 지키기 위한 최고의 방패가, 오히려 프랑스군의 발을 묶어 버린 가장 비싼 '함정'이 된 셈이다. 물론 나름의 전략적 가치도 있었고 역할도 했다고 한다. 다만, 애초부터 기대했던 가장 큰 전략적 목표와 거리가 멀어진 점을 생각해 보려고 들어본 예다.

앙드레 마지노 아저씨의 스토리는, 단지 한 세기 전 프랑스에서만 일어났던 먼 나라의 과거 일이 아니다. 그가 남긴 '숭고한 의도로 시작된 전략적 실패'. 이 구도는 현대를 살아가고 있는 우리 주변에서도 전혀 낯설지 않게 목격할 수 있다.

한 사람의 주변을 둘러싼 관계를 잠깐 들여다보자. 소중한 친구나 가족, 동료가 힘들어할 때, 혹은 그저 그 사람과의 좋은 관계를 계속 이어가고 싶을 때, 많은 이들이 기꺼이 '앙드레 마지노'가 되기를 자처한다. 그를 응원하고 지지하는 순수한 마음으로, 그 사람의 감정에 깊이 공감하며 그의 편이 되어 준다. 때로는 그의 감정을 내 감정보다 우선시하고, 그의 의견에 고개를 끄덕이며 든든한 지지 기반이 되어 준다. 상대의 마음을 지켜 주고 싶다는 좋은 마음. 그렇게 한 사람을 위해 쌓아 올린 공감의 성채는, 겉보기에는 무척이나 훌륭하고 이타적으로 보인다. 실제 그렇기도 하다.

이 전략의 함정은 마지노선과 똑같은 곳에 숨어 있다. **모든 자원을 쏟아부어 상대를 위한 견고한 요새를 지어 주는 동안, 정작 그 요새를 짓고 있는 자신의 영토는 완전히 무방비 상태에 놓이는 경우가 비일비재하다는 것이다.** 상대의 감정을 지키느라 내 감정은 돌보지 못하고, 상대의 의견을 지지하느라 내 생각은 사라진다. 나의 시간과 에너지, 감정이라는 자원은 점점 고갈되어 황무지가 되어 간다.

결국 그 숭고한 공감의 요새는 상대를 지키는 역할을 제대로 하지 못하는 경우가 많다. 오히려 그 요새가 너무 안락해서 상대가 홀로 설 기회를 놓치게 만들거나, 어느 순간 나의 고갈된 에너지를 감지한 상대가 부담을 느끼고 그 요새를 떠나 버리기도 한다. 남는 것은 텅 비어 버린 나 자신뿐. 진짜로 막아야 했던 '나의 번아웃'과 '기력 상실'이라는 적은 이미 마음속을 헤집고 지나간 뒤다.

앙드레 마지노의 숭고한 공감은 프랑스를 지키지 못했다. 오히려 프랑스를 거대한 '전략의 함정'에 빠뜨렸을 뿐이다. 어쩌면 우리가 신성시하는 '공감'도 마찬가지 아닐까? **상대를 위하는 순수한 마음으로 쌓아 올린 공감의 성채가, 실제로는 내 영혼을 갉아먹는 가장 위험한 함정이 되어 버린 것은 아닌지.** 우리는 지금, 타인을 위한 마음의 마지노선에 너무 많은 것을 쏟아붓고 있는지도 모른다.

2-4

키다리 아저씨

내가 아저씨라는 티를 내려고 노력하는 건 아닌데, 계속 아저씨 얘기로 끌어가서 살짝 민망하다. 그래도 뭐, 기왕 나온 아저씨 얘기니까 한 분 이야기만 더 해보자. 만인의 사랑을 받는 그야말로 아저씨의 표상으로 추앙받는 '키다리 아저씨'에 대한 이야기니까, 잠시 감상하면서 마음의 평화를 느껴보시길.

진 웹스터의 소설 '키다리 아저씨'. 학교에 다닌 기억이 있는 분이라면 아마 대강의 내용은 어렴풋이 기억하고 있을 꽤 유명한 아저씨가 나온다. 주인공은 '존 그리어 고아원'에서 가장 나이가 많은, 재능은 있지만 가난한 소녀 '제루샤 애벗'이다. 대학에 가서는 자기를 '주디아'라고 부르기 시작한다. 고아원에서의 삶이 전부일 것 같던 어느 날, 제루샤에게 일생일대의 기회가 찾아온다. 익명의 후원자가 그녀의 작문 재능을 보고 대학에 보내주기로 한 것이다.

물론 조건은 있었다. 첫째, 후원자의 정체는 절대 알려고 해서는 안 된다. 둘째, 정기적으로 대학 생활에 대한 편지를 보내야 한다. 셋째, 그 편지에 어떤 답장도 기대해서는 안 된다. 일방적인 보고, 혹은 일방적인 소통. 어쨌든 제루샤는 그 제안을 넙죽 받아들인다.

그녀는 고아원 이사회 회의 후 복도에서 우연히 본 후원자의 기다란 다리 그림자를 보고, 그에게 '키다리 아저씨(Daddy-Long-Legs)'라는 비밀스러운 애칭을 붙여 준다. 그리고 약속대로, 자신의 시시콜콜한 일상과 지적인 성장의 과정을 재치 넘치는 글솜씨로 편지에 담아 정기적으로 보내기 시작한다.

답장 한 통 없는 일방적 관계. 하지만 주디아는 외롭지 않다. 세상 어딘가에 '내 삶을 묵묵히 지켜보고 응원하는 절대적인 내 편이 있다'라는 사실 하나만으로도, 그녀는 엄청난 안정감과 용기를 얻는다. 키다리 아저씨는 그녀에게 단순한 후원자를 넘어, 세상에 단 하나뿐인 비밀 친구이자, 아버지이자, 정신적 지주가 되어 준다. 덕분에 주디아는 자신감 넘치는 숙녀로, 또 재능 있는 작가로 무럭무럭 성장한다.

아름다운 이야기다. 아무 대가도 바라지 않고 한 사람의 성장을 묵묵히 지원하는 숭고한 헌신. 그리고 그 믿음 속에서 멋지게 성장하는 주인공의 모습. 이 이야기는 지난 100년이 넘는 시간 동안 전 세계 수많은 사람들에게 따뜻한 위로와 감동을 주었다.

이타적인 사랑과 선의가 한 사람의 인생을 얼마나 좋은 쪽으로 바꿀 수 있는지 보여 주는 완벽한 증거가 되어 주었다.

나는 이 숭고하고 완벽해 보이는 '키다리 아저씨'의 모습에서, 오늘날 수많은 사람들을 지치고 병들게 하는 '착한 사람 콤플렉스'의 가장 이상적인 형태를 본다.

소설 초반부 설정을 바탕으로 키다리 아저씨의 행동을 냉정하게 들여다보자. 그는 왜 자신의 정체를 숨겼을까? 왜 답장 한 통 없이 일방적인 편지만을 요구했을까? 물론 소설에서는 신분 차이와 사회적 관습이라는 현실적 이유가 제시된다. 하지만 이런 관계에는 패턴이 있다. 자신의 약점이나 결점은 조금도 드러내지 않은 채, 완벽한 후원자의 역할 뒤에 숨어 관계의 주도권을 가지려는 모습이 뭔가 낯설지 않다. **대등한 인격체로서 겪어야 할 온갖 복잡하고 귀찮은 감정의 교류는 피하고, 오직 '감사와 존경'만을 받는 안전한 위치에 머무르려는 욕구 말이다.**

이런 일방적 관계 패턴은 '착한 사람 콤플렉스'가 보여주는 핵심적인 특징과 정확히 일치한다. 타인에게 베풂으로써만 자신의 존재 가치를 느끼고, 일방적인 관계 속에서 안정감을 느끼며, 자신의 진짜 모습은 숨긴 채 이상적인 역할만을 연기하는 것.

물론 소설 속 키다리 아저씨는 재력이 넘치는 특별한 사람이었고, 결국 정체를 드러내며 주디아와 대등한 관계로 발전한다. 하지만 요즘 같은 '관계의 홍수' 속에서, 어떤 사람들은 '착한 사람 콤플렉스'라는 세찬 물살에 휘청거린다. 그리고 그 물살 속에서 넘어지지 않으려고, 어떻게든 좋은 사람으로 보이고 싶어서,

자신도 모르게 '키다리 아저씨'의 어설픈 초기 모습을 흉내 내고 있는 것은 아닐까?

그들은 친구와 동료가 힘들다고 할 때, 짝꿍이 위로를 원할 때, 기꺼이 모든 에너지와 시간을 내어 주며 키다리 아저씨가 되어 주려 애쓴다. 나의 어려움은 잠시 잊은 채, 오직 그 사람의 성장을 돕고 관계의 평화를 지키는 것에 몰두한다. 그런데 그 아름다운 헌신의 끝에 남는 것은 무엇인가. 상대의 성장과 나의 뿌듯함? 아니면, 많은 것을 쏟아붓고 텅 비어 버린 마음과, "너는 원래 그런 사람이잖아."라는 상대의 한마디?

어쩌면 그들은 누군가의 키다리 아저씨가 되어 주려 애쓰는 동안, 정작 기댈 곳 하나 없는 세상에서 가장 외로운 사람이 되어 가고 있는 것은 아닐까?

2-5

공중도덕

[풍경]

한낮임에도 불구하고 제법 승객들로 붐비는 지하철, 한쪽에서 작은 소동이 일어난다. 스마트폰을 보던 청년이 새로 승차한 백발의 노년을 발견하고 반사적으로 일어나 자리를 양보한다. 사람들은 무심하게 그를 쳐다보거나, 혹은 보지 않는다. 하지만 그 공간의 모두는 알고 있다. 저것이 우리가 지켜야 할 '보이는 약속'이라는 것을. 그 모습을 보며 '공중도덕'이란 말이 떠오른다.

지하철을 타고 도착한 도심의 카페에는 세상의 모든 소음이 차단된 듯, 창밖만 보며 조용히 눈물을 훔치고 있는 한 사람이 보인다. 옆에 앉은 동행은 그녀에게 아무 말도 걸지 않는다. 그저 어깨 위에 손을 얹고 자장가를 불러주는 엄마의 손길 같은 토닥임만 건네고 있을 뿐이다. 이곳의 아무도 그녀가 울고 있다는 사실을 모른다. 오직 둘만의 세계, 누구도 끼어들 수 없는 '보이지 않는 연결'이 있을 뿐이다.

[생각]

공중도덕은 외부의 약속을 지키는 것이지만, 공감은 내면의 감정을 연결하는 것이다.

공중도덕은 '갈등 없는 사회'를 위한 시스템이지만, 공감은 '이해받는 개인'을 위한 애씀이다.

공중도덕은 정해진 '메뉴얼'을 따르는 것이지만, 공감은 정해지지 않은 '마음'을 읽는 것이다.

공중도덕은 눈에 보이는 '질서'에 관한 것이지만, 공감은 눈에 보이지 않는 '관계'에 관한 것이다.

공중도덕은 어기면 비난받는 '의무'에 가깝지만, 공감은 하지 않아도 비난할 수 없는 '선택'에 가깝다.

공중도덕은 모르는 사람과도 지켜야 할 '최소한의 선'이지만, 공감은 아는 사람과 쌓아가는 '최대한의 이해'다.

[의문]

차이가 이렇게 많은데 왜 우리 사회는 공감 능력을 거의 의무처럼 만들고 있는 걸까?

뒷담 소리 02

정마담! 내가 오늘 또 한 건 했어. 요즘 것들이 '공감'의 본질도 모르면서 노래를 부르길래, 칼 로저스부터 거울 뉴런까지 싹 꿰어서 진정한 '성숙한 시민의 책무'가 무엇인지 명쾌하게 정리해 줬지. 이건 우리 공동체를 위한 고차원적인 담론이란 말이야!

박사님, 그런 훌륭한 글은 연구실 벽에 잘 붙여 두시고…

나는 평생 손님들 신세 한탄 들어주는 게 일이었어요. 근데 그거 알아요? 내 속이 시끄러운 날은 손님 하소연도 귀에 안 들어와요. 억지로 고개 끄덕여봐야 내 속만 썩지, 그게 무슨 진짜 공감이에요. 사람 마음 얻는 것도 장사랑 똑같은 거잖아요. 내 곳간이 비었는데 누굴 퍼줘요? 내 배가 불러야 공감할 정신도 있는 거고, 내 술잔부터 채워야 남의 잔도 따라 주는 법이지. 진짜 공감은 쥐어 짜내는 게 아니라, 속이 꽉 찼을 때 저절로 흘러나오는 거라니까.

자, 남겨둔 양주나 마저 드세요. 오늘은 내가 특별히 공감 잘해드릴 테니, 안주는 뭐로 하고? 비싼 거?

세 번째 소리

배려,
도대체 어디까지?

3-1

닭다리

삶의 어떤 진실이 아주 사소한 순간에, 섬광처럼 모습을 드러내는 풍경들이 있다. 예를 들면, 늦은 밤 배달 앱의 '배달 완료' 알림 소리와 함께 현관문 앞에 도착한, 따끈한 치킨 박스가 열리는 바로 그런 순간.

대한민국에서 '치킨을 시킨다'라는 행위는, 모든 갈등을 봉합하고 흩어진 마음을 하나로 모으는 신성한 의식이다. 누군가 "치킨?"을 부르는 순간, 자리에 있던 모두는 잠시 한마음이 되어 배달 앱의 메뉴를 살피며 행복한 고민에 빠진다.

오랜 기다림 끝에, 고소한 기름 냄새와 함께 박스가 열린다. 황금빛 튀김옷을 입은 조각들이 위용을 드러내는 그 찰나의 순간, 방 안에 경건한 평화가 깃든다. 하지만 그 평화는 길지 않다. 모두의 시선이 암묵적으로 한곳에 쏠리기 때문이다.

가장 먹음직스럽고 통통한 자태를 뽐내며, 오직 두 개만 존재하는 존엄한 부위, '닭다리'.

그 순간, 시끌벅적하던 소리는 잠시 잦아들고, 매우 짧지만, 상당히 강렬한 정적이 흐른다. 고요 속의 아우성. 누구도 입 밖에 내지 않지만, 각자의 머릿속은 빛의 속도로 돌아간다. 먹고 싶다는 원초적 욕망과 사회적 이성이 충돌한다. 먼저 집어 들면 이기적으로 보일 거라는 생각이 치열한 눈치 게임을 만든다.

이 순간이야말로, 한 사람의 관계 맺는 방식과 세상을 대하는 태도를 가장 적나라하게 보여주는 압축된 연극 무대다. 무대 위에는 보통 세 가지 유형의 플레이어가 등장한다.

첫 번째는 '선취매 독점형' 플레이어. 박스가 열리는 순간, 그는 망설임 없이 행동한다. 포크를 들어 닭다리 하나를 자신의 앞 접시로 옮긴다. 그의 움직임에는 어떤 죄책감이나 머뭇거림도 없다. 그의 세계에서 이것은 그저 게임일 뿐이고, 따라서 가장 빠른 자가 승리하는 것은 당연한 이치다. 잠시 후, 그는 대화의 흐름이 잠시 다른 곳으로 향한 틈을 놓치지 않고 나머지 닭다리마저 유유히 점유한다. 그의 행동이 끝나면 테이블의 분위기는 미묘하게 싸늘해진다. 사람들은 애써 다른 화제를 이야기하지만, 대화는 어딘가 겉돌기 시작한다. 다른 부위를 잡아 올리는 손길도 현저히 줄어든다. 그는 '나만 생각하는 놈'이었지만, 누구도 그에게 '너는 놈이야'라고 말하지 못한다.

두 번째는 '자기희생 포인트 적립형' 플레이어다. 그는 가장 먼저 큰 소리로, 때로는 과장된 제스처와 함께 이렇게 외친다.

"아, 나는 퍽퍽살이 더 좋아! 다리는 별로니까 너희들 다 먹어."

세상 인자한 미소로 다른 이들에게 닭다리를 권하는 그의 행동은 숭고한 이타심처럼 보이지만, 사실 그는 다른 게임에 참여하고 있다. '닭다리'라는 현물 자산을 포기하는 대신, '배려심 깊고 희생적인 사람'이라는 사회적 평판과 도덕적 만족감이라는 '포인트'를 적립하는 것이다. 그는 무의식중에 자신의 이 멋진 양보를 모두가 알아주고 칭찬해 주기를 바란다. 문제는 이 포인트 제도는 오직 그 자신만 아는 '나 홀로 멤버십'이라는 점이다. 다른 사람들은 그저 '아, 쟤는 퍽퍽살을 좋아하는구나.'라고 생각하며 얼떨결에 자신의 몫으로 돌아온 닭다리를 뜯을 뿐이다. 그는 언젠가 '내가 얼마나 양보했는데, 아무도 내 마음을 몰라준다.'라며 서운함 충만한 밤을 보낼 가능성이 높다.

마지막 세 번째는, 아마도 이 글을 읽는 많은 이들이 속해 있을 '눈치 관망 잔반 처리형' 플레이어다. 닭다리를 원하지만 차마 먼저 손을 뻗지 못한다. 그의 머릿속에서는 수많은 시뮬레이션이 돌아간다.

'지금 집어도 될까? 아니야, 저놈이 날 째려보는 것 같아.'

'이놈이 양보했으니 내가 먹어도 되나? 아니지, 그럼 내가 욕

심쟁이처럼 보이잖아.'

'잠깐만, 저놈 손이 접근하고 있는데? 아, 늦었다.'

모든 계산이 끝났을 때는 이미 늦었다. 결국 씁쓸한 마음을 감추며 날개나 목을 집어 들고, '원래 치킨은 날개지.'라 생각하며 스스로 위로한다. 그는 갈등을 피했지만, 그 대가로 '이번에도 다리를 먹지 못했다.'라는 아쉬움을 저축한다.

평소 '나를 아끼는 분'은 이 침묵의 아수라장에서 어떻게 행동할까? 그는 이 세 가지 유형 어디에도 속하지 않는다. 그는 게임의 판 자체를 바꾼다. 자신의 욕망을 부정하지도, 타인의 욕망을 무시하지도 않는다. 어색한 정적을 깨고, 모두를 '공정한 게임'에 참여시킨다.

"자, 다들 닭다리 좋아하죠? 이거 딱 두 개밖에 없는데, 오늘 제일 늦게 온 사람이랑 제일 먼저 온 사람이 하나씩 먹는 거 어때요? 칭찬과 격려의 의미로!"

혹은 자신의 욕망을 먼저 솔직하게 드러낸다.

"제가 오늘따라 닭다리가 너무 먹고 싶네요. 하나만 제가 먹어도 될까요?"

그의 행동에는 세 가지가 담겨 있다. **자신의 욕구에 대한 솔직함, 타인의 욕망에 대한 존중, 그리고 상황을 모두가 유쾌하게 받아들이게 만드는 '조율'의 지혜다.** 그는 닭다리를 쟁취하는 것보다, 이 상황을 '모두가 납득할 수 있는 투명한 시스템'으로 만드는 데 더 관심이 있다. 그의 행동 덕분에, 누군가는 닭다리를 잃지만, 아무도 마음의 상처를 입지는 않는다.

닭다리…

어쩌면 그것은 우리 인생에서 마주하는 다양한 한정된 자원인 승진의 기회, 매력적인 이성, 대화의 주도권 등의 축소판일지 모른다. 그것을 대하는 방식은, 사람이 세상을 대하는 방식과 많이 닮아 있다. '이기적인 놈'은 오직 닭다리만 보고, '나를 아끼는 분'은 닭다리를 둘러싼 사람들, 그리고 그 관계의 전체 판을 본다.

결국 닭다리를 대하는 태도는 인생의 수많은 기회와 관계를 대하는 방식 그 자체가 아닐까? 우리는 과연, 닭다리 앞에서 어떤 사람으로 기억되고 싶은 걸까?

아무튼, 치킨은 2인 1닭. 이 공식이야말로 공리주의의 생활 속 실천임은 분명하다.

3-2

배려심 사용 설명서

[일반의약품] 이 약은 의사, 약사와의 상담 없이 구매할 수 있으나, 사용상의 주의 사항을 반드시 숙지하시고, 오남용 시 심각한 부작용이 발생할 수 있음을 유념하시기 바랍니다.

제품명 : 배려심(Consideration Forte Tab.)

[성분 및 효능]

- 주성분 : 공감 500mg, 이타심 250mg
- 첨가제 : 사회적 압박, 인정 욕구, 자기 검열, 약간의 희생
- 효능 및 효과 : 원만한 인간관계 유지, 사회적 갈등 예방, 긍정적 평판 형성, 소속감 및 유대감 증진, 일시적인 자기 만족감 향상

[용법 및 용량]

본 의약품은 사용자의 상태와 대상과의 관계에 따라 용량을 조절해야 하는 전문의약품에 준하는 특효약입니다. 처방의 제1원칙은 아래

두 가지 전제 조건이 충족되었는지 확인하는 것입니다.

하나. 사용자의 '마음 체력'이 충분한가?

본인의 정신적, 감정적 에너지가 고갈 상태일 경우, 본제 투여는 심각한 부작용을 유발할 수 있습니다. 타인에게 처방하기 전, 반드시 자신의 상태를 먼저 점검하십시오.

둘. 관계의 '맥락'을 정확히 진단했는가?

상대가 진정으로 배려를 필요로 하는지, 혹은 당신의 일방적인 자기 희생을 요구하는 것인지 신중히 진단해야 합니다. 부정확한 진단에 기반한 습관적 투여는 관계의 내성 및 의존성을 유발합니다.

[사용상의 주의 사항]

1. 과다 복용 시 다음과 같은 부작용이 나타날 수 있습니다.

*사용자(본인)에게 미치는 영향 :

– 정신계 : 만성적 불안감, 우울감, 자아 정체성 상실, 자기혐오
– 순환계 : 내면에 분노와 억울함이 축적되는 '감정 혈전' 발생
– 전신 : 원인 모를 무기력증, 대인기피, 모든 것에 냉소적으로 변하는 '감정적 번아웃'

*상대방 및 관계에 미치는 영향 :

– 의존성 : 상대가 스스로 문제를 해결하는 능력을 상실하고, 정신적으로 의존하게 될 수 있습니다.
– 내성 : 당신의 배려를 당연하게 여겨 더 이상 고마움을 느끼지 못하는 '권리 내성'이 발생할 수 있습니다.
– 관계 왜곡 : 일방적인 에너지 흐름으로 인해, 평등해야 할 관계가 '후원자-수혜자'의 수직적 관계로 변질될 수 있습니다.

– 반감 형성 : 과도한 배려가 부담감, 죄책감, 혹은 숨겨진 통제 의도로 느껴져 상대방의 반감을 유발할 수 있습니다.

2. 복용 미달 시 다음과 같은 부작용이 나타날 수 있습니다.

– 이기주의, 사회성 부족, 무례함 등 부정적 평판 형성.

– 잦은 마찰과 갈등으로 인한 관계의 단절 및 사회적 고립.

[중요 경고]

본 의약품의 과다 복용으로 인한 부작용(자기 파괴, 관계 왜곡)은 복용 미달로 인한 부작용(일시적 평판 하락, 사회적 고립)보다 훨씬 더 치명적이고 장기적인 후유증을 남길 수 있습니다.

따라서, 관계 형성 초기에 본인의 용법과 용량을 명확히 하여 '배려심 없는 사람' 혹은 '조금 이기적인 사람'이라는 단기적 오명을 감수하는 것이, 무분별한 남용으로 인해 장기적으로 자신의 영혼을 파괴하고 관계를 돌이킬 수 없게 만드는 것보다 현명한 치료법일 수 있습니다.

[보관 및 폐기 방법]

보관 : 본인의 '마음 체력'이 충분히 확보된 곳, 당신의 선의를 당연하게 여기는 사람의 손이 닿지 않는 곳에 보관해야 합니다.

폐기 : '내가 참으면 모두가 편하다.'라는 해괴한 생각, '모두에게 좋은 사람이 되어야 한다.'라는 비현실적인 강박은 즉시 폐기하십시오.

이 설명서에 없는 당신만의 처방전은, 음… 아 몰라 몰랑! 그냥 자기를 해치지 않는 선에서 각자 알아서들 하시오.

3-3

권력 스마트팜

스타트업의 사업 계획을 심사할 기회가 종종 있다. 발표자들이 저마다의 아이템을 소개하는 자리의 공기는 언제나 뜨겁다. 자리마다 단골로 등장하는 아이템이 있는데, 바로 '스마트팜'이다. 인공지능이 온도와 습도를 조절하고, 드론이 날아다니며 영양분을 공급하며, 최소한의 자원으로 최대의 수확량을 뽑아내는 데이터 농업.

스마트팜을 인간관계에 적용하면 SF영화처럼 기묘하고 으스스한 스토리가 만들어진다. 갑자기 추워질 수도 있으니까 이불 준비하시고 읽어 보시길.

나는 '최고급 관계의 딸기'를 재배하는 스마트 농부다. 그냥 딸기가 아니라, 백화점 VIP에게만 특별 판매되는 그런 귀한 딸기 말이다. 이 '최고급 관계'라는 이름의 딸기를 키우기 위해, 가진 자원을 총동원해 최첨단 스마트팜을 구축한다.

우선, 24시간 작동하는 모니터링 센서를 가동한다. 상대의 사소한 말투 변화, 미세한 표정의 움직임, 최근 컨디션과 수면 시간까지 모든 데이터를 수집한다. 그가 좋아하는 것과 싫어하는 것, 그의 역린이 되는 주제까지 데이터베이스에 꼼꼼히 기록한다.

다음은 자동 제어 시스템이다. 상대가 "나 힘들어."라고 말하기 전에, 그의 지친 표정 데이터를 먼저 읽고 따뜻한 위로 영양분을 공급한다. 관계에 갈등이 생길 기미가 보이면, 즉시 유머 온도 조절기를 가동해 분위기를 바꾼다. AI 예측 분석 기능도 가동한다. 과거의 경험 빅데이터를 통해, 어떤 말과 행동이 그를 가장 행복하게 만드는지 최적의 경로를 찾아내고, 관계를 해칠 수 있는 나의 욕구나 감정 표현은 '위험 요소'로 분류해 사전에 차단한다. 딸기 입장에서는 호텔 스위트룸 부럽지 않은 완벽한 케어 시스템이다.

그런데 이 완벽한 시스템에 치명적인 버그가 하나 있다. 바로 '일방향성'이라는, 설계 단계에서는 미처 발견하지 못했던 시스템의 근본적인 오류였다. 이 스마트팜은 나의 자원을 상대에게 공급하는 출력 기능은 완벽했지만, 정작 나의 상태를 알리고 상대의 자원을 공급받는 입력 기능은 아예 존재하지 않았다. 그 결과, 시스템은 나의 에너지 잔고나 감정 상태는 전혀 고려하지 않은 채, 오직 상대방을 위해 모든 것을 쏟아붓는 기묘한 공회전을 계속하게 된다.

이 시스템 오류는 영양분 공급에 심각한 불균형을 초래한다. '최고급 딸기'를 키우기 위해 설정된 값이었던 헌신과 배려는, 사실 딸기가 아닌 다른 존재에게 최적의 먹잇감이 되었다. **바로 관계의 토양 어디에나 씨앗을 숨기고 있는, '권력'이라는 이름의 잡초다.**

일방적인 헌신이라는 과도한 영양분을 먹고 자란 '권력'이라는 잡초는 무섭게 성장한다. 처음엔 고마워하던 상대는 점점 나의 배려를 당연하게 여긴다. 내가 주는 것을 자신의 '권리'라고 생각하기 시작한다. 나의 희생을 바탕으로 자신의 편안함과 이기심의 잎을 무성하게 키워 나간다. 결국 애지중지 키우려던 '최고급 관계'라는 딸기는, 이 거대한 잡초의 그늘에 가려 햇빛 한 줌 받지 못하고 비실거리다 흔적도 없이 사라지고 만다.

어느 날, 탐스러운 딸기를 기대하며 관계 밭을 들여다본다. 하지만 그곳에 남은 것은 나를 함부로 대하는 상대의 거대한 '권력'이라는 잡초뿐이다. 망연자실한 채 시스템 로그를 확인해 본다. 시스템은 오류가 있었을 뿐, 24시간 단 한 순간도 쉬지 않고 완벽하게 작동하고 있다.

이런! 선의로 설계된 그 완벽한 시스템이, 완벽한 권력자를 키워 내다니!

졸지에 킹메이커가 돼 버린 이 사건은 상대방의 악의에 의해서 벌어진 일이 아니다. 그는 그저 내가 구축한 시스템이 제공하는 달콤한 영양분을 맛있게 받아먹었을 뿐이다. 문제는 시스템 그 자체였다.

상상 끝.

3-4

희생타는 야구장에서

SACRIFICE BUNT

프로야구 팬들이 생각보다 많더라. 나는 TV 채널을 돌리다 우연히 마주치기라도 하면, 1초의 망설임도 없이 다른 곳으로 돌려 버리는 사람이다. 이해가 잘 안 가는 취미지만 뭔가 재미가 있긴 있나 보다. 내게 프로야구는 MBC 청룡 선수들이 뛰놀던 시절의 기억이 전부다. 메이저리그에서 한국 선수들이 무슨 성적을 냈는지를 요란하게 보도해 주는 세상이 그저 신기할 뿐이다.

친구 아버님의 장례식에 다녀온 어느 날이었다. 몇몇 친구들과 검은 옷을 입은 채로 장례식장에서 가까운 다른 친구의 집에 모였다. 늦은 시간까지 술잔을 기울이던 시간, 누군가의 삶이 끝나는 곳에 다녀온 밤의 공기는 오가는 웃음소리만큼 가볍지 않다.

삶과 죽음, 남아 있는 사람들과 떠나간 사람들에 대한 두서없는 수다가 늦게까지 이어지던 거실 한쪽 소파에는, 그날따라 유독 말수가 적었던 한 녀석이 묻혀 있었다. 그는 우리들의 대화와는 다른 차원의 세계에 홀로 접속한 채, TV에서 흘러나오는 야구 중계에만 시선을 고정하고 있었다. 갑자기 그 친구 녀석의 입에서 '쌍욕'이 터져 나왔다.

"아, 저 이기적인 놈, 돌았나!"

모두의 시선이 TV 화면으로 향했다. 감독이 보낸 '희생번트' 사인을 무시한 타자가 풀스윙을 했고, 힘없는 땅볼로 허무하게 아웃된 상황. 친구는 분노를 삭이지 못했다.

"아, 팀이 이기는 게 중요해, 지 혼자 튀는 게 중요해?"

그의 분노를 들으며, 나는 그날 하루 종일 머릿속을 맴돌던 단어와 마주했다.

'희생'

친구의 말은 지극히 상식적이었다. 야구는 팀 스포츠이니 승리라는 공동의 목표를 위해 자신을 희생하는 플레이는 분명 존중받아야 마땅하다. 나는 속으로 다른 질문을 던지고 있었다.

'저 타자는, 정말 '이기적인 놈'이었을까?'

어쩌면 그의 선택 이면에는 남들이 보지 못한 수많은 가능성이 있었을지도 모른다. '내가 직접 해결하겠다.'라는 영웅적 자신감, '다음 타자를 믿을 수 없다.'라는 냉정한 현실 판단, 혹은 '내 역할은 희생이 아니다.'라는 선수로서의 자존심 같은 것들 말이다. 그 타자의 행동은, 보는 사람의 관점에 따라 '이해 못 할 배신'이 될 수도, '이해할 수 있는 소신'이 될 수도 있는 문제였다.

친구는 '팀을 위한 희생'을 말했지만 '팀을 위한 플레이'가 반드시 희생일 필요는 없다는 생각도 든다. 희생번트와는 전혀 다른 결을 가진, 더 건강하고 빛나는 팀플레이도 존재하지 않는가. 바로 축구나 농구의 '어시스트'다.

희생번트와 어시스트는 둘 다 동료의 득점을 돕는다는 공통점이 있지만, 그 철학은 정반대다. 희생번트는 비록 순간이긴 하지만 내가 '아웃'되어 사라지는, '나의 소멸'을 전제로 한 플레이다. 나의 기록은 나빠지고, 역할은 그 순간 끝난다. 하지만 어시스트는 다르다. 골을 넣는 영광은 동료에게 양보하지만, 나 역시 '어시스트'라는 빛나는 기록을 얻고, 그 플레이의 공동 주인공으로 남는다. 이것은 나의 소멸이 아니라, '나의 기여'를 통한 상호 성장이다. **희생번트가 '나를 죽여 팀을 살린다.'라는 비장한 구호라면, 어시스트는 '너와 내가 함께 빛나야 팀이 이긴다.'라는 건강한 협력의 언어다.**

TV 속 사각의 그라운드와 한 사람의 인생이라는 거대한 경기장이 겹쳐 보이기 시작했다. 우리 사회는 '희생번트'를 약간 숭배하는 경향이 있다. 국가와 타인을 위한 숭고한 희생은 마땅히 존경받고 기억되어야 한다. 그것은 완전히 별개의 문제다. 그런데 그런 논리가 어느새 일상의 관계까지 파고들어, '가족을 위하여', '회사를 위하여'라며 개인의 희생을 암묵적으로 강요한다. 그리고 그 강요는 종종 '배려'라는 아름다운 이름으로 포장되기도 한다.

진정한 배려는, 나를 소멸시키는 희생번트를 의미하는 것이 아니다. 때로는 나의 강점과 가능성을 믿고, 최고의 결과를 만들어내는 것이 더 나은 배려가 될 수 있다. 내가 번트를 대고 죽는 대신, 멋진 2루타를 쳐서 득점 찬스를 만드는 것이 팀의 승리에 더 기여하는 길일 수 있듯이 말이다. **나의 인생이라는 경기에서, 나라는 타자에게 '희생'을 강요할 수 있는 감독은 없다. 그 타석의 주인은 오직 나 자신이며, 스윙을 할지 번트를 댈지 결정하는 것은 온전히 나의 몫이다.**

다시 한번 말하지만, 나는 프로야구 '잘알못' 인간이다. '이 아저씨 진짜 무식한 소리 하고 있다.'라고 비난하고 싶은 야구팬이 계실지도 모르겠다. 그렇다면 속으로 욕 많이 해주시길. 오래 좀 살게.

3-5

횟감은 자연산
자존감은 양식

펄떡이는 활어들로 가득한 수산시장의 공기는 언제나 활력이 넘친다. 기분 전환이 필요할 땐 가끔 수산시장으로 넘어가서 아이쇼핑을 하는데, 상인들과 오가는 팽팽한 줄다리기는 어떤 게임보다 짜릿하다. 여기저기서 터지는 흥정 소리, 수조에서 꺼낸 활어를 손질하는 익숙한 손놀림, 가격이나 알아보고 가라는 사장님들의 애절한 목소리까지. 그곳에는 포장되지 않은 날것 그대로의 생명력이 흐른다. 가끔 회를 잘 모르는 손님들이 날리는 이런 질문을 듣게 된다.

“사장님, 이 광어 자연산이에요, 양식이에요?”

그러면 사장님은 기다렸다는 듯, 더 크고 힘 좋아 보이는 놈을 뜰채로 건져 올리며 자랑스럽게 외친다.

"이놈이 진짜배기 자연산이지! 살이 얼마나 쫄깃하고 단단한지 먹으면서 기절해도 몰라. 편하게 자란 양식이랑은 차원이 다른 꿀맛이 난다니까!"

손님들은 고개를 끄덕이며 망설이다가 비싼 값을 치른다. 이것이 우리가 사는 세상의 흔들림 없는 상식이다. 더 희귀하고 얻기 어려운 것에 더 높은 가치를 매기는 것. 그래서 우리는 자연산에 대한 막연한 동경과 신뢰를 품고 산다. 그런데 모든 세계가 이런 논리로 돌아가는 건 아니다. 이 상식이 다른 방식으로 작동되는 세계도 있다. 바로 자존감의 세계다.

가까운 주변인들, 인터넷 세상에서 연결된 이름 모를 사람들이 던져주는 칭찬과 호평은 사회적 관계라는 자연이 선물하는 자존감의 치어들이다. 그리고 큰 소쿠리에 가득 담을 수 있을 만큼 얻어내는 것이 그렇게 어렵지 않다.

'응? 그거 어려운 거 아님?'

혹시 이런 생각이 들었다면 같이 생각해 보자. 우선, 이런 경험들 없었는지? 상대가 조금 불편해 보이면, 재빨리 내 의견을 접고 괜찮은 것처럼 말한다거나 회의에서 하고 싶은 말이 있어도 안으로 삼켜본 적, 아마 한두 번 이상은 있을 것이다. 지인이 약속을 매번 취소하는 무례한 행동에도 "완전 괜찮음!"을 연발하며 웃고 넘기는 사람들도 많다.

이런 순간들은 대부분 불필요한 갈등을 원하지 않는 성숙함이 만드는 장면이지만, 관계의 주도권 문제, 갑을 관계의 현실적인 문제 등 다양한 현실적 문제로도 심심찮게 만들어진다. 그런데 조금 더 자세히 들여다보면, 그 안엔 공통적으로 미묘한 흥정과 거래의 심리가 숨어 있다.

'내가 이렇게 배려하면, 나도 마음 편하고 그 사람도 나를 좋게 봐줄 거야.'

'나만 잠깐 불편함을 참으면, 적어도 비난을 받거나 시끄러워지지는 않겠지.'

'이런 모습을 올리면 내 이미지도 좋아지고 너무 부럽다는 댓글도 이어지겠지?'

이유와 상황은 모두 다르겠지만, 타인의 인정과 사회적 평안함이라는 가치를 낚기 위해 많은 사람들이 '배려'라는 그물을 펼치고, '양보와 희생'이라는 미끼를 꿰어 관계의 바다에서 낚시를 한다.

너 참 좋은 사람이야! 멋진 놈이야! 부러워요! 대단해! 기타 등등!

이런 칭찬과 호평은 자신감 상승으로 이어지고, 단단한 자존감의 토대가 되어 주기도 한다. 내가 살고 있는 사회라는 자연이 품고 있는 '자연산 자존감'이다. 이것을 얻기 위해 우리는 시간과 감정의 지갑을 열고 낚싯배 티켓을 산다. 다른 이들의 낚싯대와 그물에 걸려 계속 올라오는 싱싱한 광어와 우럭 등 크고 싱싱한 녀석들을 보면 힘이 빠지기도 하고, 어쩌다 허탕이라도 치는 날엔 '그렇게 흔한 자연산도 못 잡다니, 역시 나는 별 볼 일 없는 평범한 사람'이라며 자신을 깎아내리기도 한다.

너무 극단적으로 생각하는 거 아니냐고? 뭐, 이미 자존감이 단단한 분들에게는 그렇게 들릴 수도 있겠다. 엄연히 현실에서 벌어지고 있는 상황임은 분명하니까 같이 한번 생각해 보자는 것뿐이다. 너무 깐깐하게 생각하지 말아 주시길.

문제는 이런 패턴이 반복되면서 생기는 악순환이다. **타인의 평가를 의식할수록 점점 더 자기 검열의 강도는 높아지고 마음의 솔직한 표현을 삼키게 된다.** 비슷한 상황이 한 번 두 번 반복되면서 점점 '진짜 나'가 희미해진다.

반면 내 안에서 자발적으로 꾸준히 길러낸 '양식 자존감'은 상대적으로 희귀하고, 온전히 자기 것으로 취하기가 쉽지 않다. 일상에서 천천히 길러내는 '양식 자존감'은 무엇을 먹고 자랄까? 현장에서 관찰하고 소통하면서 내린 결론, **그 궁극의 사료는 바로 '성취'다.** 물론 여기서 말하는 성취는, 올림픽 금메달이나 초고속 승진, 사업 성공 같은 거창한 성공이 아니다. 오히려 자그마한 결심과 실천, 그리고 나만 알 수 있는 뿌듯한 순간들이다.

'오늘 아침 알람 듣고 30초 만에 일어났다.'
'미뤄두고 있던 메일함 정리를 깔끔하게 해냈다.'
'회의에서 의견을 꺼내서 당당하게 말했다.'

이런 작은 성취들이 화학작용을 일으켜 훌륭한 자존감의 사료로 만들어진다. 그중에서도 내가 생각하는 가장 영양가 높은 사료는 이것이다.

"내가 원하는 바를 정확히 표현하고, 그 말이 원하는 반응과 결과로 이어졌던 경험."

예를 들어, 늦은 밤 "지금은 좀 피곤해서 내일 답해 드릴게요."라고 솔직히 말했는데, 상대가 "네, 제가 죄송하지요. 푹 쉬세요."라고 반응해 준 순간.

회의에서 "이건 조금 우려돼요."라고 말했을 때, "그런 시각도 필요하죠. 조금 더 생각해 봅시다."라는 반응이 돌아온 순간.

친구에게 "오늘은 혼자 있고 싶어."라고 했더니, "그렇구나, 기다릴게."라는 말이 돌아온 순간.

이런 순간들을 경험할 때마다 0.01g의 작은 깨달음과 성취감이 쌓이기 시작한다.

'내가 솔직해도 관계는 무너지지 않는구나.'

'나는 원하는 걸 말할 수 있는 사람이구나.'

이런 내 소리가 담긴 말의 손맛이 모이면 자존감의 뼈대를 아주 단단하게 만들어주는 최고급 영양분이 된다. 나의 말로 관계를 건강하게 이끌어갔다는 체감. 그것이야말로 자존감의 가장 확실한 초석이다. 그렇게 뼈대가 단단해지면 몇 번 실패했다고 해서 잘 부러지거나 무너지지 않는다. 그는 알고 있다.

'나는 내 마음을 소리 내어 말할 수 있고, 내 말소리는 통한다.'

더는 타인의 평가라는 낚싯바늘에 걸릴 걱정 없이, '하고 싶은 말'이라는 그물을 자유롭게 던질 수 있는 사람이 된다. 과도한 배려로 자신을 지우는 대신, 건강한 경계를 지키며 따뜻한 관계를 맺을 수 있는 삶, 나만의 자존감 양식장이 보장하는 꿀맛 아닐까?

참고로, 광어회는 양식이나 자연산이나 사실 맛의 큰 차이는 없다. 맛은 앞에 누가 앉아 있느냐가 결정하는 거니까.

뒷담 소리 03

찰스

심청. 너는 늘 남을 챙기느라 에너지를 다 쓰지 않나. 너야말로 이 닭다리를 먹고 힘을 내야 한다. 너의 그 숭고한 마음에 내가 빚을 질 수는 없다. 네가 먼저 먹기 전에는 나도 절대 먹지 않겠다.

심청

아니야, 찰스. 다른 사람의 행복을 보는 게 나의 행복인걸. 네가 맛있게 먹는 모습을 보는 것만으로도 나는 배불러. 이건 너를 향한 내 마음의 증표니, 제발 내 마음을 받아줘. 사양 말고 어서 먹어.

아재

에헴! 요즘 애들은 배려도 비효율적으로 하는군. 이보게들, 그런 식으로 감정을 낭비할 시간에 나 같은 사회적 현자가 두 개 다 먹어서 논쟁을 종결시키는 것이, 바로 사회 전체의 효용을 극대화하는 합리적 의사결정이라는 걸 왜 모르나! 잘 먹겠네. (우걱우걱)

2부

눈치와 마음소릿길

네 번째 소리. 눈치 보는 게 나쁜 건가?

다섯 번째 소리. 비밀 아닌데 비밀 같은 유사 비밀

들어보세요
당신의 게소리

네 번째 소리

눈치 보는 게 나쁜 건가?

4-1

저희 따님마님께서

사회 지인들에게 딸에 대해 얘기를 할 때 가끔, '우리 따님마님께서'라는 표현을 즐겨 쓴다.

"저희 따님마님께서 오시는 날이라…."
"더 마시고 들어가면 우리 따님마님한테 또 혼나요."

대부분의 사람들은 그 어색하고 과장된 존칭에 피식 웃음을 터뜨린다. 몇몇은 "따님을 정말 예뻐하시나 봐요."라며 긍정적으로 반응하고, 또 어떤 이들은 "대체 왜 그렇게 부르냐?"라고 직접적으로 묻기도 한다. 그럴 때 나의 대답은 정해져 있다.

"세상 무엇과도 바꿀 수 없는 소중한 분이라, 밖에서도 귀하게 대접받고 살았으면 하는 마음에서 그렇게 부릅니다."

내 진심을 듣고 나면, 사람들의 반응은 거의 예외 없이 따뜻한 감동과 존중의 표정을 지어준다. 그런데 솔직히 고백하자면, 나는 이 말을 할 때마다 살짝 '눈치'를 본다. 이젠 꽤 익숙해져서 많이 사라지긴 했지만, 처음에는 꽤 심하게 눈치를 봤다. 자식을 낮춰 부르는 것이 미덕인 한국 문화에서, 내 행동이 유별나게 보이지는 않을까? '아저씨 참 주책이다.' 혹은 혼자만 딸 있는 척하면서 으스대는 것 같다고 생각하지는 않을까? 아주 짧은 순간이지만 수많은 생각들이 머릿속을 스쳐 지나간다.

생각해 보면 우스운 일이다. 나는 넉살도 좋고 성격도 유쾌 명랑한 편이라 상대적으로 주변 사람들의 눈치를 많이 보지 않는 축에 속하는 아저씨다. 그런데도 이처럼 '주변 상식'에 조금이라도 반하는 행동을 할 때는 어김없이 눈치를 보게 된다. 사실 그건 내 마음을 스스로 옥죄는 보이지 않는 '셀프 쇠사슬'이다. 사람들은 내 말 한마디에 그다지 관심도 없고, 나쁜 쪽으로 해석하지 않을 너그러움이 있는데도, 마음은 그런 사실들과는 전혀 상관없이 멋대로 요동친다.

나처럼 넉살 좋은 아저씨도 이런데 그렇지 않은 다른 사람들은 오죽할까. 우리의 일상은 사실, 크고 작은 '눈치 보기'로 짜인 거대한 직물과도 같다. 아침에 출근하는 직장인의 예를 들어 보자.

'오늘은 좀 편하게 입고 싶은데… 그래도 부장님 보기엔 너무 가벼워 보일까?'

사회적 예의라는 옷장 앞에서 하는 그 고민은, 날씨나 개인의 취향을 넘어선, 조직의 분위기와 상사의 시선에 대한 눈치 보기다. 점심시간 메뉴를 정할 때도 마찬가지. 얼큰한 김치찌개가 당기지만 어제 과음한 부장님은 맑은 대구탕을 원하시는 눈치다. 결국 각자의 욕망을 잠시 접어 두고, 모두가 만족할(정확히는, 누구도 불만을 제기하지 않을) 가장 무난한 선택지를 찾아 나선다.

명절에 모인 시댁의 거실은 눈치 게임의 올림픽 결승전이 열리는 경기장이다. 남편과 시아버지는 소파에 앉아 TV를 보고 있고, 시어머니는 음식 준비에 여념이 없다. 며느리는 그 사이에서 고민한다. 그녀의 모든 행동반경은 '착한 며느리'라는 투명 CCTV에 의해 감시당한다.

엄마들의 어떤 '단톡방'은 또 다른 형태의 투명한 감옥이다.

"이번 스승의 날에, 우리 반 다 같이 얼마씩 모아서 선생님께 작은 선물이라도 할까요?"

누군가의 제안이 올라오는 순간, 단톡방 뒤에는 여러 생각들이 흐르기 시작한다. 마음속으로는 '이거 김영란법 위반 아닌가?', '솔직히 좀 부담스러운데.'라고 생각하지만, 먼저 총대를 메는 건 결코 쉬운 일이 아니다. 만약 나 혼자 반대했다가, 우리 아이에게 불이익이라도 가면 어쩌나 하는 두려움도 한몫을 한다. 결국 몇몇 적극적인 엄마들의 주도하에, 모두가 "네, 좋은 생각이에요!"라며 마음에도 없는 대답을 올린다.

이런 예시는 수천수만 개의 눈치 보이는 상황들 중 눈에 보이지도 않는 지극히 일부일 뿐이다. **우리는 타인의 평가, 관계의 평화, 미래의 불이익 등 수많은 이유로, 하루에도 수십 번씩 눈치를 보며 살아간다. 그것은 생존을 위해 공기 중의 위험을 감지하는 동물의 더듬이처럼, 우리의 신경계 깊숙이 각인되어 있다.** 그런데 세상은 너무나 쉽게 말한다.

"제발 사람들 눈치 좀 보지 말고 살아."

물론 그들의 조언은 선의에서 비롯되었을 것이다. 눈치 보느라 힘들어하는 모두를 위한 보편적 응원의 말일 수도 있겠다.

하지만 나는 정말로 묻고 싶다. 이 촘촘한 관계의 그물 속에서, 타인의 시선과 평가라는 중력을 온몸으로 받으며 살아가는 우리에게, '눈치 보지 않는 삶'이라는 건, 과연 실현 가능한 목표일까?

한 번도 하늘을 날아본 적 없는 새에게 "그냥 날개를 펼치고 날아오르면 돼."라고 말하는, 아름답지만 대안 없는 격려의 말로 들리기만 하는 나는… 아, 진짜 도대체 얼마나 닳은 놈인 거냐!

4-2

삼총사

알렉상드르 뒤마의 소설 '삼총사'에는, 누구나 손에 땀을 쥐게 되는 아주 유명한 에피소드가 하나 나온다. 바로 '왕비의 다이아몬드' 사건이다.

프랑스의 왕비 안 도트리슈는 남편 루이 13세가 선물한 열두 개 다이아몬드 장신구를, 전 연인인 영국의 버킹엄 공작에게 기념품으로 줘 버린다. 지금 기준으로 보면, 남편이 사준 명품백을 전 남친에게 준 막장 드라마의 시작이다. 문제는 왕비의 정적인 추기경 리슐리외가 이를 알아챈 것. 그는 왕에게 접근해 말한다.

"며칠 뒤 무도회에서 왕비께서 그 다이아몬드 장신구를 하고 나오시면 매우 아름다울 겁니다."

왕은 그 말에 넘어가 왕비에게 반드시 그 장신구를 착용하라 말한다. 하지만 녀석은 바다 건너 영국에 있고, 무도회까지는 열흘뿐. 왕비는 절체절명의 위기에 처한다.

이때 삼총사가 출동한다. 고결한 아토스, 호탕한 포르토스, 섬세한 아라미스, 그리고 시골에서 올라온 촌뜨기 달타냥. 이들의 목표는 하나, 영국에서 다이아몬드를 되찾아오는 것이다. 하지만 추기경이 보낸 첩자들은 길목마다 기다리고 있었다. 명예를 목숨처럼 여기는 삼총사들은 각자의 원칙 때문에 하나씩 쓰러져 나간다. 포르토스는 사소한 시비로 결투하다 부상이 생기고, 아라미스는 음모에 빠져 총을 맞고, 아토스마저 누명을 벗으려다 발목이 잡힌다. 그들의 고결함과 명예가 오히려 족쇄가 된 것이다.

결국 홀로 남은 달타냥. 그는 삼총사처럼 품위 있지도 고결하지도 않았지만, 상황 판단이 빨랐다. 길에서 벌어지는 시비나 모욕에 일일이 대응하지 않고 오직 목표만을 향해 달렸다. 요즘으로 치면 쓸데없는 SNS 논쟁에 끼어들지 않는 현명함이다.

마침내 영국에 도착한 달타냥은 버킹엄 공작에게서 장신구를 돌려받지만, 열두 개 중 두 개가 이미 도둑맞은 상태였다. 하지만 그는 포기하지 않고 밤을 새워 똑같은 다이아몬드를 만들어 붙인 뒤, 무도회 직전 파리로 돌아와 왕비를 구해낸다. 왕국의 평화는 지켜졌다.

오랜만에 꺼내본 삼총사 이야기, 재미있으셨는지?

'좋은 관계와 평판'이라는 내 안의 작은 왕국에도 바로 이 네

명의 총사가 살고 있다.

고결한 아토스는 상대방의 말을 끝까지 듣고 그 속뜻까지 헤아리는 '경청'의 총사다. 그는 원칙을 중시하고 신중하게 행동한다. 평상시라면 그의 깊이 있는 경청이야말로 관계를 지키는 가장 확실한 방법이다.

섬세한 아라미스는 상대방의 감정과 처지를 자신의 것처럼 느끼는 '공감'의 총사다. 그의 세밀한 감수성은 상처받은 마음을 어루만지고, 외로운 영혼에게 위로를 건넨다. 대부분의 갈등은 그의 따뜻한 공감 한 마디로 녹아내린다.

호탕한 포르토스는 말보다는 행동으로 사랑을 표현하는 '배려'의 총사다. 상대방이 필요로 하는 것을 먼저 알아채고, 기꺼이 자신을 내어주는 헌신적인 마음. 그의 따뜻한 행동력은 많은 사람들에게 든든한 버팀목이 되어 준다.

이 삼총사는 모두가 인정하는 관계의 미덕들이다. 우리는 이들을 존경하고, 이들처럼 되고자 노력한다. 실제로 대부분의 상황에서 적절하게 출동한다면 본분을 다해 준다. 하지만 때로는 예상치 못한 위기가 찾아온다. **미묘한 갈등, 예민한 분위기, 복잡한 상황들. 살다 보면 수없이 만날 수밖에 없는 위기의 순간에는 고결한 삼총사도 한계를 드러낸다.** 너무 진중하게 경청하다가 내가 지쳐버리고, 억지로 공감하다가 객관성을 잃기도 한다. 세심하게 배려하다가 오히려 부담을 주기도 한다. 삼총사의 고결함이 때로는 족쇄가 되어 버리는 것이다.

그럴 때 우리를 구하는 것은 촌뜨기 달타냥이다. 바로 '눈치'

라는 이름의 네 번째 총사.

그는 삼총사처럼 고상하지도 품위 있지도 않다. 때로는 비겁해 보이고 약삭빠르게 보인다. 우리는 그래서 우리 안의 '눈치'를 격이 떨어지는 감각이라며 구박한다.

"눈치나 보고 살면 얼마나 피곤해."
"그런 식으로 눈치만 보면 주체성이 없어 보여."

이런 말들로 그를 밀어낸다. 정말 그럴까? 관계의 위기가 닥쳤을 때, 미묘한 표정 변화를 읽어 내고, 말하지 않은 속마음을 감지하며, 이 상황에서 필요한 것이 무엇인지 직감적으로 파악하는 것은 바로 이 '눈치'다. 적절한 타이밍을 포착하고, 상황에 맞는 실용적인 해결책을 찾아내며, 때로는 자존심을 접고라도 관계를 지켜내는 현명함. 이것이야말로 달타냥이 보여준 진짜 용기였다.

우리는 어쩌면 우리 안의 소중한 달타냥을 너무 오랫동안 구박해 온 것은 아닐까? 그저 촌스럽다는 이유만으로, 정작 위기의 순간에 우리를 구해줄 수 있는 소중한 능력을 스스로 봉인해 버린 것은 아닐까?

"모두를 위한 하나, 하나를 위한 모두(Un pour tous, tous pour un)."

이는 단순히 서로를 위해 희생한다는 뜻이 아니다. 각자의 고유한 능력이 하나로 합쳐질 때 비로소 진정한 힘이 발휘된다는 의미다. 좋은 관계와 평판이라는 평화는, 이 네 명의 총사가 조화롭게 협력할 때 지켜진다. 평상시에는 경청과 공감, 배려라는 삼총사의 고귀한 덕목으로 사람들과 깊이 있는 관계를 쌓아가되, 위기의 순간에는 눈치라는 달타냥의 현실 감각으로 상황을 돌파해 나가는 것.

올포원, 원포올. 경청을 위한 공감 · 배려 · 눈치가 있고, 공감을 위한 경청 · 배려 · 눈치가 있으며, 배려를 위한 경청 · 공감 · 눈치가 있고, 눈치를 위한 경청 · 공감 · 배려가 있다. 이때 비로소 우리의 인간관계라는 작은 왕국에도 진정한 평화가 찾아오지 않을까?

4-3

호프타운의 상점 주인들

다이아몬드 이야기 하나 더 해보자.

1867년, 남아프리카의 태양이 무덥게 내리쬐던 어느 날이었다. 오렌지강 유역, 호프타운(Hopetown)이라는 이름과는 어울리지 않게 척박하고 황량한 땅에 자리한 한 농장이 있었다. 그곳에 살던 열다섯 살의 순진한 보어인 소년, 에라스뮈스 야코프스는 그날도 어김없이 강가에서 양들을 돌보고 있었다. 무료함을 달래기 위해 물수제비를 뜨던 그의 눈에, 강바닥에서 유난히 영롱하게 빛나는 반투명 돌멩이 하나가 들어왔다. 소년의 눈에 그것은 그저 동네 아이들과 '켄네키(kennetjie)'라는 돌멩이치기 놀이를 할 때 쓰면 딱 좋을, 예쁘고 신기한 장난감일 뿐이었다.

소년은 돌멩이를 주워 주머니에 넣었고, 그날 이후 한동안 그 돌은 아이들의 손에서 뒹굴며 평범한 시간을 보냈다.

얼마 후, 이웃 농장주이자 잡다한 수집광이었던 샬크 반 니케르크가 소년의 집에 들렀다가, 마당에서 뒹구는 그 돌멩이에 시선을 빼앗겼다. 무언가 범상치 않은 광채. 그는 소년의 어머니에게 물었다.

"혹시 그 돌을 나에게 팔 수 있을까요?"

"아니, 이웃끼리 무슨. 그냥 돌멩이일 뿐인데 돈을 받을 수 있나요. 아이가 좋아할 테니 그냥 가져가세요."

돌멩이를 얻은 니케르크는, 마침 그 지역을 여행하던 상인이자 아마추어 지질학자였던 존 오라일리에게 이 돌을 보여 주며 자랑했다. 오라일리는 그 돌을 받아서 들어본 순간, 심장이 '쿵!' 내려앉는 것을 느꼈다. 평범한 수정과는 비교할 수 없는 무게감과, 무지갯빛 광채. 그는 직감적으로 이것이 평범한 돌이 아님을 알아챘다. 그는 니케르크를 설득해 돌의 소유권을 넘겨받고, 가장 가까운 도시인 '호프타운'으로 달려갔다. 오라일리는 땀을 뻘뻘 흘리며, 호프타운의 여러 상점과 보석상 문을 두드렸다.

"이것 좀 보시오! 내가 보기엔 다이아몬드가 틀림없소!"

하지만 돌아온 것은 하나같은 냉대와 비웃음뿐이었다.

"젊은이, 꿈 깨시게. 이런 촌구석에서 다이아몬드가 나올 리가 있나. 이건 그냥 좀 예쁜 토파즈일 뿐이야."

"어디서 이상한 돌멩이 하나 주워 와서 약을 팔아? 너 게소리 작가놈이랑 한패지? 어서 가보쇼!"

오라일리는 포기하지 않았다. 그는 상점 주인들의 비웃음을 뒤로한 채, 그 돌을 멀리 떨어진 도시의 진짜 전문가, 애서스톤 박사에게 보냈다. 며칠 뒤, 그의 손에 한 통의 편지가 도착했다.

"축하합니다. 당신이 보낸 것은 의심의 여지 없는, 21.25캐럿 짜리 다이아몬드입니다!"

이 다이아몬드는 발견의 기쁨을 의미하는 '유레카(Eureka)'라는 이름을 얻었다. 그리고 이 '쓸모없던 돌멩이' 하나가, 남아프리카 전역을 뒤흔든 거대한 '다이아몬드 러시'의 신호탄이 되었다.

……

'눈치'라는 감각은, 그 자체로 보면 그리 매력적이지 않다. 그것은 종종 '소심함', '지나친 예민함', '불안감'이라는 투박하고 거친 겉모습으로 나타난다.

대부분의 사람들은 호프타운의 상점 주인들처럼, 어쩌면 다이아몬드 원석일지도 모르는 그 녀석을, 그저 나를 피곤하게만 만드는 '쓸모없는 돌멩이'로 취급하고, 어떻게든 버리려고 애쓴다.

하지만 '센스 있는 사람'은 다르다. 그는 '보석 감정사'와 같다. 그는 '눈치'라는 감각이 가진 잠재력을 알아본다. 타인의 미세한 표정 변화를 읽어 내고, 말의 이면에 숨겨진 의도를 감지하며, 전체적인 분위기의 흐름을 파악하는 능력. **그것이 바로 '눈치'라는 원석이 품고 있는 진짜 가치다. 그는 이 원석을 버리는 대신, 정교하게 가공하고 조각하여, 마침내 '센스'라는 이름의 눈부신 다이아몬드로 만들어낸다.**

내 안의 그 투박한 원석을, "이건 그냥 쓸모없는 돌멩이야."라며 걷어차 버리는 호프타운의 상점 주인으로 살아갈 것인가. 아니면, "어쩌면 이건 다이아몬드일지도 몰라."라며, 주변의 비웃음을 무릅쓰고 그 가치를 증명해 보려는 단 한 사람, 존 오라일리가 되어볼 것인가?

그건 뭐, 자기 인생이니 각자 생각해 보면서 답을 찾아보면 될 거 같고, 난 그저… 존 오라일리! 이 아저씨 너무 부럽! 힝….

4-4

혈연관계

앞의 이야기에서, '눈치'가 어쩌면 다이아몬드 원석일지 모른다는, 조금은 낭만적인 이야기를 했다. 어떤 이들은 '맞지, 오직 낭만적인 비유일 뿐이거든!' 정도로 치부할 수도 있겠다. 하지만 나는 이 얘기가 꽤 과학적이고 논리적인 근거를 가지고 있다고 생각한다. 대부분이 그 가치를 알아볼 생각조차 하지 않았을 뿐이다.

현장에서 자기를 '눈치 보는 사람'이라고 자조적으로 소개하는 이들을 자주 만난다. 그들은 대부분 자신을 '소심하다' 혹은 '자신감이 없다.'라고 규정짓는다. 하지만 조금 더 깊이 이야기를 나눠보면, 매번 비슷한 사실을 발견할 수 있다. 그들은 타인의 생각과 기분을, 보통 사람들보다 훨씬 더 예민하고 정교하게 감지한다. **한 사람의 말투, 표정, 분위기, 어조의 미세한 균열을 읽어 내는 그들의 감각은, 마치 고성능 레이더처럼 작동한다. 그런데도**

그들은 자신의 그 뛰어난 능력을 '별거 아닌 눈치'라고 낮춰 부르곤 한다. 호프타운의 상점 주인들이 발아래 굴러다니는 다이아몬드를 '쓸모없는 돌멩이' 취급했던 것처럼 말이다.

최근에 읽은 책 한 권이 이런 생각을 더 명확하게 정리 해줬다. 한국계 미국인 작가 유니 홍의 '눈치 : 한국인의 비밀 무기(The Power of Nunchi)'다. 그는 이 책에서 **눈치를 사회적 생존을 위한 고유한 감각이자, "타인의 생각과 감정을 빠르게 파악하여 관계의 우위를 점하는 슈퍼파워"라고 설명한다.** 그의 주장에 따르면 눈치가 가진 엄청난 잠재력에 대해서는 의심의 여지가 없어 보인다.

이 잠재력의 정체는 대체 무엇일까? 관련된 이야기를 찾아보다가, 심리학과 뇌과학의 세계에서 그 단서를 발견할 수 있었다. 물론 나는 그쪽의 전문가가 아닌, 그저 호기심 많은 관찰자일 뿐이지만 그 정도 '눈치'는 발휘할 수 있는 필드맨이다.

첫째, '눈치'는 대니얼 골먼이 말한 '감성지능(EQ)'의 핵심적인 부분과 맞닿아 있다. 특히 타인의 감정과 상황을 이해하는 '사회적 인식' 능력과 매우 유사하다. 눈치가 빠른 사람은 이 능력이 극도로 발달한, 말하자면 '사회적 안테나'의 수신 감도가 매우 높은 사람인 셈이다.

둘째, 뇌과학자들이 발견한 '거울 뉴런(Mirror Neuron)' 시스템으로도 설명이 가능하다. 거울 뉴런은 타인의 행동이나 감정을 볼 때, 마치 내가 직접 겪는 것처럼 반응하는 뇌세포다. 눈치가 빠른 사람은, 어쩌면 이 '공감 와이파이'가 다른 사람들보다 훨씬 더 빵빵하게 잘 터지는 사람일지도 모른다. 그래서 타인의 불편함이 내 것처럼 느껴져, 누구보다 먼저 그 상황을 바꾸려 행동하는 것일 수도 있다.

이처럼 '눈치'란 감각은, 원석 그대로의 날것 상태지만 그 안에는 정교하고 섬세한 감지 시스템이 들어 있다. 눈치와 센스는 유전자를 공유하는 혈연관계와 비슷하다. **눈치는 과묵하고 투박하지만, 궂은일을 도맡아 하며 동생들을 지켜온 '맏형', 센스는 세련되고 유머러스하며, 모든 사람의 사랑을 받는 '막냇동생' 같다.** 사람들은 막내(센스)의 빛나는 재능만 칭찬하고, 맏형(눈치)의 묵묵한 기여와 잠재력은 알아주지 않는다.

하지만 분명한 것은, 그 둘의 피가 같다는 점이다. 맏형이 제대로 훈련받고, 자신의 가치를 인정받는다면, 그는 누구보다 든든하고 지혜로운 존재가 될 수 있다. 실제로 눈치를 많이 보던 사람이, 다양한 경험과 훈련을 통해 누구보다 자신 있고 센스 넘치는 사람으로 거듭나는 경우를 현장에서 종종 본다.

누구나 눈치를 본다. 어떤 이는 그 맏형의 존재를 부끄러워하며 숨기고, 어떤 이는 그를 구박하고, 또 어떤 이는 그의 존재 때문에 그저 피곤하다고만 여긴다.

이제부터라도 눈치는 센스 있고 전략적인 말소리를 낼 수 있는 원석 같은 감각이라는 사실을 인정하고 받아들여 보면 어떨까? 아직 형태를 갖추지 않았지만, 분명한 반응을 끌어내는 내면의 강력한 신호. 만약 그 신호를 정확히 해독하고, 그것을 세련된 '말'로 다듬는 방법까지 알게 된다면… 삶이 조금은 더 편해질 수 있지 않을까?

아니, 조금 말고, 살짝 더 많이?
아니, 아니! 어쩌면… 센스 넘치는 매력 휴먼까지?

오호! 괜찮군.
역시 꿈을 꾼다는 건 언제나 즐거움이 더 크다.

4-5

프로 눈치러

제목에서 이미 내가 하려는 말을 눈치챘다면, 프로 눈치러, 즉 '센스 넘치는 매력 휴먼'의 자질이 충분하다. 어쩌면 이미 그런 사람일지도 모르겠다. 그렇다면 긴말은 필요 없을 것 같다.

프로 눈치러가 되기 위해서 무엇을 알고 있으면 좋은지, 무얼 어떻게 하면 되는지 알고 싶다면?

졸린 눈 비벼가며, 허벅지 찔러가며, 끝까지 정독하기.

나도 필요할 땐 짧고 굵게 말할 수 있음!

흥.

***프로 눈치러 :**

[명사]

대화나 상호작용의 실시간 과정 속에서, 언어적 · 비언어적 신호와 맥락적 정보를 통합적으로 인지하여, 관계의 조화를 유지하며 원하는 목적을 향해 나아가는 직관적인 소통 역량을 갖춘 사람. 비슷한 말로 '센스 있는 사람', '완전 센스', '경청의 왕자', '공감의 여왕', '배려의 요정' 등이 있다. 다음의 세 가지 능력을 가진 사람을 '1급 프로 눈치러'로 분류한다.

1. 상황 및 상대방에 대한 다층적 인지 능력 :
상대방 말의 내용뿐만 아니라, 그 이면의 감정, 의도, 비언어적 신호, 그리고 대화가 이루어지는 전체적인 상황과 맥락을 종합적으로 파악하는 능력.

2. 대화의 방향성 예측 및 조율 능력 :
현재 대화의 흐름이 어디로 향하고 있는지 감지하고, 자신이 원하는 목표 지점을 고려하여 그 방향과 속도를 미세하게 조율하는 능력.

3. 최적의 소통 행위 선택 및 실행 능력 :
주어진 상황에서 자신의 목적과 상대방과의 관계를 모두 고려했을 때, 가장 효과적인 소통 행위(발언, 침묵, 질문, 표정 등)를 선택하고 실행하는 능력.

이는 명시적 규칙의 암기나 의식적인 기술 구사를 넘어, 수많은 소통 경험의 반복과 성찰을 통해 내재화되는 암묵지(Tacit Knowledge)의 한 형태이다.

[출처 : 게소리 사전]

뒷담 소리 04

달타냥. 난 네가 이해 안 된다. 아토스(경청), 포르토스(배려), 아라미스(공감)는 다들 멋지다고 하는데, 왜 너(눈치)만 보면 다들 비겁하고 소심하다고 하냐? 그냥 정정당당하게 말하면 되지, 왜 남의 기분 살피고 분위기를 읽어야 하나? 그거 완전 피곤한 거 아니냐?

이봐, 꽃게 닮은 꼬마 외계인, 아직 지구 세상 물정을 잘 모르는군. 고결한 삼총사는 평화로울 땐 최고지. 하지만 위기의 순간, 꽉 막힌 상황을 뚫는 건 정정당당한 칼이 아니라 바로 나, '눈치'라는 이름의 날렵한 지혜라네.
많은 지구인들이 나를 '쓸모없는 돌멩이' 취급하지만, 그 돌멩이를 잘 갈고닦으면 '센스'라는 다이아몬드가 된다는 건 모르지. 비겁한 게 아니야. 이기는 길을 아는 거지. 현실 세상에서 살아가려면 나 같은 촌뜨기도 꼭 필요한 법이라네.

들어보세요
당신의 게소리

다섯 번째 소리

비밀 아닌데
비밀 같은
유사 비밀

5-1

불량 식품

국민학교 시절 교문 앞은 온갖 냄새와 소리로 가득했다. 떡볶이가 새빨간 국물 속에서 보글보글 익는 소리, 달고나 아저씨가 국자에 설탕을 녹여 만들어 내는 캐러멜 향기, 쫀드기를 연탄불에 구워 먹던 친구들의 웃음소리. 오래된 문방구 옆에 조그맣게 붙어 있는 분식집 아줌마는 사시사철 심드렁한 표정만큼 인심도 별로였다. 낡은 플라스틱 국자로 떡볶이를 퍼서 알록달록한 녹색 플라스틱 접시에 담아 줄 땐, 떡이 정확하게 100원어치인 10개가 맞게 들어갔는지 엄중한 검열을 끝내고 나서야 소유권을 넘겨주셨다. 나는 그때마다 한 번도 빠지지 않고 소원을 빌곤 했다.

'제발 이번에는 실수로 하나만 더! 더더!'

어른들은 학교 앞의 모든 음식을 '불량 식품'이라 불렀다. 어쩌다 주머니에 백 원짜리 동전이 한두 개 생겼다는 걸 알게 되면, 엄마는 같은 얼굴로 기계적 잔소리를 하셨다.

"불량 식품 사 먹지 말어. 그런 거 자꾸 먹으면 큰일 나. 몸 버려…"

지금은 부모 입장에서 추측을 하는 수밖에 없지만 생각해 보면 엄마 입장도 이해는 된다. 항상 어딘가 한두 군데는 아프셨던 엄마로서는 건강에 대해 막연한 불안감이 클 수밖에 없던 것 같다. 어쨌든 어른들의 눈에 교문 앞 음식들은 그저, 소중한 자식들의 건강을 위협하는 불량하고 어린이들의 맑고 순수한 세상을 위협하는 싸구려 악당 이상도 이하도 아니었다.

정말 그랬을까? 돌이켜보면 소위 '불량 식품'들은 생각보다 훨씬 정직했다. 떡볶이는 든든한 탄수화물이었고, 뽑기는 설탕과 소다를 섞어 열을 가한 순수한 당분 덩어리였다. 어른들이 붙인 '불량'이라는 딱지는 영양학적 분석의 결과라기보다, 자신들의 통제 밖에 있는 아이들의 작은 세계에 대한 막연한 불안감의 표현이었을지도 모른다.

나에게 그 음식들은 결코 '불량'하지 않았다. 떡 열 개를 각각 네 개로 잘라서 40개로 만드는 과정은 나만의 재테크였고, 쫀드기를 반의반으로 나눠서 친구들과 공유하는 것은 우리 사이에만 존재하는 신성한 의식이었다. 불량 식품으로 매도되었던 녀석들은 최소한의 물리적 에너지와 정신적 에너지를 공급해 주는 삶의 전투식량이었다.

그 시절 교문 앞과 꼭 닮은 불량 식품 세상이 있다. 다만 그곳에서 파는 것은 음식이 아니라 '지식과 정보, 각종 지혜와 노하우'다. '관계와 소통의 세계'라는 이름의 SNS 분식집에서는, 그때 그 메뉴들이 여전히 가장 인기 있는 지혜로 팔려 나간다.

누구나 가장 먼저 배우는 '경청'은, 매콤달콤한 떡볶이와 비슷하다. 가장 기본이고, 언제나 정답처럼 여겨진다. 거기서 한 발 나아간 '공감'은, 속의 내용물을 알 수 없는 순대와 닮았다. 제대로 맛보면 깊은 풍미를 느끼지만, 어설프게 다가가면 정체 모를 비릿함만 남기기 십상이다. '배려'는, 섬세한 달고나 뽑기다. 성공하면 엄청난 달콤함을 주지만, 바늘 끝 하나 잘못 놀리면 깨져 버리는 아슬아슬한 스릴이 있다.

꽃게별에서 살던 외계인 찰스는 지구 생활을 잘 모르는 초등학생과 같다. 찰스는 그동안 열심히 경청 스킬을 익혔다. '인싸되는 떡볶이 경청 요리법', '순대 같은 공감의 5단계'를 맛나게 먹으면서 고픈 배를 채우긴 했지만 얼마 못 가서 배탈이 날 수 있다. 건강한 지구의 삶을 지속적으로 가능하게 해 주는 건강한 밥이 되기에는 무언가 부족하다.

사실 그런 배탈은 떡볶이와 순대, 달고나의 문제가 아니다. 녀석들은 누군가의 눈에는 불량 식품일 수 있지만, 한 녀석씩 뜯어

보면 분명 나름의 영양과 먹는 즐거움이 있는 녀석들이다. 문제는 찰스의 소화능력이다. **아무리 맛있고 영양가 있는 음식이라도, 그것을 소화 시킬 능력이 없는 이에게는 정말로 불량 식품이 될 수 있다는 말이다.** 약한 위장에 떡볶이를 가득 밀어 넣으면 언젠가는 탈이 나는 것과 같다.

세상에는 차고 넘칠 만큼 훌륭한 소통 기술과 지혜가 있지만, 대부분은 그것을 맛만 볼 뿐 자기 것으로 만들지 못한다. 오히려 수많은 정보가 뒤엉켜 더 큰 혼란의 원인이 되기도 한다.

'소통의 기초체력'이 없기 때문이다. 세계적인 축구선수의 현란한 개인기를 영상으로 백 번 본다고 해서 내일 당장 그라운드에서 똑같이 해낼 수 없는 것처럼, 지식을 이해하는 것과 그것을 실제로 내 역량으로 소화하고 수행하는 것은 완전히 다른 차원의 문제다. 이해한 지식을 내 몸의 근육처럼 자연스럽게 움직이게 만드는 바로 그 힘.

오늘은 '어떤 녀석을 더 먹어볼까'를 고민하기 전에, 내 소화능력이 이 진수성찬을 받아들일 준비가 되어 있는지, 나의 '소통 기초체력'은 과연 튼튼한지부터 살펴봐야 하지 않을까?

프로 눈치러의 전혀 비밀 아닌데 이상하게 비밀 같은 첫 번째 유사 비밀.

'그들은 소통의 기초체력이 탄탄함'

너무 뻔하지? 아, 참말로…

'아, 뭥미? 이 아저씨도 결국 기초가 어쩌니저쩌니야?'라며 각종 비난의 도끼를 맞을 것 같아서 솔직히 이 주제는 건너뛸까 고민도 했다. 진짜 심각하게 했다. 하지만 그러기에는 나의 눈처럼 맑은 양심이 허락하지 않았다. 너무너무 많은 사람들이 이 사실을 경시하는 현실을, 역시 너무너무 많이 봐왔기 때문에 도저히 말을 안 할 수가 없었던 나의 고뇌와 입장도 이해해 주시길.

진짜 하고 싶었던 말 :

'소통의 기초체력이 필요하다. 그리고 **그 재료는 내 안에 이미 가득하다.**'

5-2

오천만 국민 오천만 개성

현장에서 만나는 의뢰인들에게 자주 하게 되는 말이 있다.

"대한민국에 사람이 오천만 명이면, 개성도 오천만 개입니다."

나와 인연이 닿는 사람들은 대부분, 시장에 내놓을 근사한 아이템이나 적어도 아이디어를 가진 분들이다. 그들은 자신의 아이템을 세상에 알리기 위해 밤낮으로 고민하고, 누구보다 열심히 시도한다. 하지만 생각만큼 결과가 나오지 않으면 답답한 마음에 나 같은 직업인을 찾게 된다. 그들과 깊은 이야기를 나눠 보면, 흥미로운 공통점을 하나 발견하게 된다. 모두가 비슷한 얘기를 한다는 것이다.

"아니, 이런 건 나 같아도 안 사겠어요. 진짜 소비자를 위한다면, 차라리 저라면 이렇게 만들 텐데… 도대체 왜 저러는지 이해가 안 가요."

솔직히 고백하자면, 이건 비단 그들만의 이야기가 아니다. 사람들의 개성을 인정하고 그런 시각을 버리라고 말하는 나 역시 하루에도 몇 번씩 비슷한 생각을 한다. '나'라는 존재는 세상에서 가장 강력한 기준점이자, 가장 아늑하고 논리적인 피난처이기 때문이다. **우리는 자신도 모르는 사이에, '나'라는 이름의 아주 정교한 자(ruler)를 꺼내 들어 세상 모든 사람을 재단하는 버릇이 있다.** 예를 들면 이런 식이다. 한 팀장님은 신입사원에게 일을 맡겨놓고 답답해 미칠 지경이다.

"아니, 이거 그냥 이렇게 저렇게 하면 되는 간단한 일이잖아? 나 때는 말이야, 이런 건 눈 감고도 했어!"

소위 '라떼는 말이야'가 시전 되는 바로 그 순간이다. 하지만 그는 10년 차인 자신의 노하우와 신입사원의 백지상태를 동일한 저울에 올려놓는 오류를 범하고 있다.

집에서는 또 어떤가. 짝꿍이 속상한 일이 있어 짜증스러운 얼굴로 하소연한다. 진심으로 돕고 싶은 마음에, 문제의 원인을 분석하고 해결책을 제시하는 데 집중한다.

"내가 그럴 줄 알았어. 다음부턴 이렇게 해봐."

하지만 그 순간 짝꿍에게 필요했던 건 똑똑한 해결사가 아니라, 그냥 말없이 등을 토닥여 줄 단 한 사람이었을 가능성이 높다. 한쪽 짝꿍의 세계에선 '공감'이 제1의 물리법칙이지만, 다른 짝꿍 세계에선 '해결'이 만유인력의 법칙이었던 탓이다.

우리는 종종 '나'라는 만능열쇠 하나로, 세상의 모든 자물쇠를 열 수 있다고 믿고 산다. 내가 보기에 좋으면 남들도 좋아할 것이고, 내가 이해할 수 없는 행동은 비상식적이고 틀린 것이 된다. 물리법칙마저 다른 오천만 개의 우주가 얽혀 있는 세상에서, 어떻게든 살아남기 위해 '관계와 소통'의 비법을 찾아 나선다. 바로 앞에서 이야기했던 그 맛있는 불량 식품들 말이다.

제발 오해는 하지 마시길. 각종 매체에 등장하는 '스타 셰프'들이 개발한 표준 조리법들은 그 자체로 큰 가치가 있다. 그것들은 최소한의 길을 안내하는 '가이드 라인'이자, 대화를 시작하게 만드는 '공통 언어' 역할을 해 주기 때문이다. 그들이 제공하는 '경청 떡볶이 (feat. 상대의 마음을 여는 리액션의 기술)', '공감 순대 (부제: MBTI 유형별 공감 화법)', '배려 달고나 (특별 레시피: 센스 있다는 말을 듣는 7가지 법칙)' 같은 메뉴들은 분명, 수많은 연구와 경험이 농축된 결과물이다. 문제는 이것을 받아들이는 방식에 있다. 이것은 마치 해외여행을 가기 전에 외워가는 몇 마디 생활 영어와도 같다.

"Where is the nearest subway station?" (가장 가까운 지하

철역이 어디죠?)

"I'd like to have a cup of coffee, please." (커피 한 잔 주세요.)

"Check, please." (계산서 주세요.)

이 문장들은 일정한 상황에서는 유용하다. 하지만 식당에서 우연히 합석하게 된 현지인이, 내 눈을 바라보며 "당신 삶에서 가장 중요한 가치는 무엇인가요?"를 묻는 엉뚱한 사람이라면 상황은 달라진다. 달달 외운 몇 개의 문장만으로는 금세 밑천이 드러나고, 우리는 어색한 미소와 함께 "아임 파인, 땡큐. 앤 유?"를 반복하다 입을 닫아버리게 된다.

'경청 떡볶이'와 '공감 순대'가 처한 상황도 이와 똑같다. 예측 가능한 상황에서는 그럴싸한 효과를 발휘하지만, 오천만 개의 변수가 부딪히는 현실의 복잡한 갈등 앞에서는 속수무책이 되기 일쑤다. 상대방의 미묘한 감정 변화나 숨겨진 의도 같은, 레시피에는 없는 재료들이 마구 튀어나오기 시작하면, 곧 당황해서 모든 걸 망쳐버린다.

소통에 자주 실패하고, 인간관계에 지쳐 나자빠지는 것은 어쩌면 당연한 일이다. **너무나 복잡하고 어려운 것이 '관계와 소통'이라는 인생 여행인데, 여행 회화집 한두 권만 들고 무작정 비행기를 타는 사람들이 참 많다.**

다시 한번 노파심에 부탁 아닌 부탁 하나.

나는 인터넷에 올라오는 각종 전문가들의 노하우를 존중하고 그 가치를 부정하지 않는다. 혹시라도 그런 느낌을 받았다면 꼭 앞으로 돌아가서 다시 읽어보시길.

겁나서 무슨 말을 못하겠… 으흐흐…

뭐, 오해 없었다면 얼릉 다음 얘기로.

5-3

쾰른의 암묵지

1975년 1월 24일, 독일 쾰른 오페라 하우스. 그날 저녁, 극장은 1,400명의 관객으로 가득 차 있었다. 당시 재즈계의 가장 빛나는 천재이자, 예민하고 까다롭기로 소문난 피아니스트 키스 재럿(Keith Jarrett)의 솔로 즉흥 연주 콘서트를 보기 위해서였다. 하지만 무대 뒤에서는, 이 모든 것을 엉망으로 만들 삭은 재앙이 조용히 고개를 들고 있었다.

이 공연을 기획한 사람은 당시 젊은 독일인 기획자 베라 브란데스였다. 그녀는 자신의 모든 것을 걸고, 이 위대한 아티스트를 쾰른 무대에 세우는 데 성공했다. 키스 재럿이 요구한 피아노는 단 하나였다. 최고의 연주용 그랜드 피아노인 '뵈젠도르퍼 290 임페리얼'.

하지만 공연 몇 시간 전, 그가 무대 뒤에서 마주한 것은 뵈젠도르퍼가 아니었다. 오페라 하우스 리허설용으로나 쓰는 작고 낡

아빠진 다른 피아노가 놓여 있었다. 더 심각한 문제는 피아노의 상태였다. 전해지는 이야기에 따르면, 며칠간의 조율 실수로 인해 몇몇 검은 건반은 소리가 나지 않았다. 고음부는 쇳소리가 났으며, 저음부는 '웅웅'거리기만 했다. 심지어 페달마저 제대로 작동하지 않았다. 한마디로 연주가 거의 불가능한 '망가진 피아노'였다.

"이걸로 연주하라고? 장난해?"

피아노를 확인한 키스 재럿은 불같이 화를 내며 당장 공연을 취소하고 떠나겠다고 선언했다. 그의 분노는 당연했다. 그는 자신의 모든 것을 쏟아 부어 완벽한 음악을 만들어 내는 아티스트였다. 최악의 '연장'을 가지고 최고의 '작품'을 만들라는 것은 모독이나 다름없었다. 기획자 베라는 쏟아지는 빗속으로 뛰쳐나가, 막 떠나려던 키스 재럿의 차를 가로막았다. 그리고 눈물로 호소했다.

"제발, 제발 무대에 서주세요. 관객들이 당신을 기다리고 있어요."

비에 젖은 채 애원하는 젊은 기획자의 모습에, 키스 재럿은 차 안에서 깊은 고뇌에 빠진다. 최고의 조건이 아니면 연주하지 않는다는 자신의 완벽주의와, 자신을 기다리는 관객들, 그리고 이 모든 것을 망쳐버린 상황에 대한 분노 사이에서 말이다.

밤 11시 30분, 그는 무대 위로 걸어 나왔다. 그리고 역사는 시작되었다.

그는 '망가진 피아노'와 싸우는 것을 포기했다. '이 피아노는 왜 이 모양인가.'라며 불평하는 대신, 피아노의 결점을 있는 그대로 받아들였다. 자신의 머릿속에 있는 화려한 기술이나 복잡한 화성학 같은 '명시지(Explicit Knowledge)'를 잠시 내려놓았다. 대신 그는 지난 수십 년간 수만 시간을 두드리며 자신의 손가락과 근육과 신경계에 각인된 감각을 소환했다. 말로는 설명할 수 없는 체화된 지식, 바로 '암묵지(Tacit Knowledge)'다.

그의 왼손은 고장 난 저음부를 피해 반복적이고 최면적인 리듬을 만들어 냈다. 안정적인 베이스캠프를 구축한 것이다. 그의 오른손은 쇳소리가 나는 고음부를 피해 가장 소리가 예쁜 중간 음역대를 중심으로 멜로디를 쏟아 냈다. 물이 흐르듯 서정적인 선율이었다.

그는 '생각'하며 연주하지 않았다. 그의 몸이, 그의 영혼이 피아노와 직접 대화하고 있었다.

그날 밤, 최악의 피아노는 키스 재럿의 몸을 통해 단 한 번도 세상에 존재한 적 없는 소리를 토해 냈다. 슬프고도 아름다운 그 연주는 재즈 역사상 가장 위대한 라이브 앨범인 '쾰른 콘서트(The Köln Concert)'로 기록되었다.

만약 키스 재럿이 '완벽한 피아노는 이렇게 연주해야 한다.'라는 자신의 '명시지'만을 고집했다면 어땠을까? 그날의 전설은 없었을 것이다. 그는 모든 규칙과 기대를 버리고 몸이 기억하는 '암묵지'를 믿었기에, 최악의 조건을 최고의 걸작으로 바꿀 수 있었다.

암묵지의 힘. 이 힘은 비단 세계적인 천재에게만 해당하는 특별한 능력이 아니다.

처음에는 악보를 더듬거리던 피아노 연주가 수만 번의 반복 끝에 손가락이 알아서 움직이는 경지에 이르는 것. 도로 위 표지판과 규칙을 외우던 초보운전이 어느새 생각 없이도 차선을 바꾸는 베테랑이 되는 것. 문법과 단어를 의식하던 외국어 공부가 꿈속에서도 원어민과 대화하는 수준으로 발전하는 것. 우리는 삶의 여러 영역에서 의식적인 훈련을 통해 '명시지'를 '암묵지'로 전환해 본 경험을 이미 가지고 있다.

소통도 마찬가지다. 물론 음악과 소통은 서로 다른 영역이다. 하지만 그 원리는 다르지 않다. **우리가 '센스 있다'라고 부르는 소통의 기술 역시 본질은 정확히 같다. 그것은 타고나는 재능이 아니라, 수많은 연습을 통해 '몸에 밴 지혜'가 된 것이다.** 어색한 침묵을 깨는 재치 있는 농담. 상대의 기분을 알아채는 섬세한 눈치. 대화의 흐름을 자연스럽게 이끄는 감각. 이 모든 것이 수천 번의 소통 경험과 의식적인 연습이 축적되어 만들어진 고도로 발달된 '암묵지'다.

그런데 '소통의 악보'를 보는 법부터 가장 중요한 출발점을 안내하는 곳은 생각보다 많지 않다. 소통 역량을 키우기 위해 암묵지와 명시지를 구분해야 한다는 기본적인 사실조차 모르는 사람들도 많다.

최악의 상황에서도 아름다운 걸작을 만들 수 있던 암묵지의 힘. 그 힘은 일상에서 예상하지 못한 상황에서도 유연하게 대응하며 소통의 재즈를 연주할 수 있도록 해준다.

이 사실을 잊지 않고만 있어도 앞에서 말한 '센스 넘치는 매력 휴먼'으로 가는 길은 열려 있다. 그리고 소통의 암묵지를 가질 수 있는 길은 생각보다 가까이 있다는 것. 전혀 비밀 아닌데 이상하게 비밀 같은 유사 비밀 중 하나다.

5-4

흐름, 흐름, 흐름

의뢰인과 밀도 있는 대화를 나눠야 하는 업무 특성상 지방 미팅이 잦은 편이다. 대부분 혼자 다녀오는 코스인데, 어쩌다 동행이 있는 출장이나 여행에서는 즐길 수 없는 그 시간만의 즐거움이 있다. 이를테면 차창을 모두 닫고 좋아하는 밴드의 앨범을 처음부터 끝까지, 공연장처럼 거대한 볼륨으로 즐기는 해방감 같은 것. 소중한 이들과 몇 시간이고 이어지는 전화 수다나, 오직 나만의 기준으로 마음대로 들를 수 있는 휴게소에서 즐기는 눅눅한 어묵과 버터 바른 통감자 섭취 의식까지.

고속도로 밖으로 펼쳐진 멋진 풍경을 눈 깜짝할 사이에 지나갈 때면, 선명한 이미지를 붙잡지 못한 것에 대한 뭔지 모를 아쉬움도 남곤 한다. 언젠가부터 그런 아쉬움을 만나면 뭔가 손해를 본 것 같은 마음도 든다.

'아니… 도대체 이런 길은 어떻게 만드는 거야? 인간들 참 대단한 거 같으!'

길…

인간은 정말 길 만드는 걸 참 좋아한다. 2천 년 전 로마 사람들도 그랬다. '아피아 가도'라는 걸 닦아서 자기들이 얼마나 대단한지 전 세계에 보여줬다. '모든 길은 로마로 통한다.'라는 그 유명한 말도, 사실은 전차 바퀴가 닿는 곳마다 돈과 권력을 실어 나를 수 있는 튼튼한 도로가 있었기 때문에 가능한 자신감이었다.

19세기 영국에서는 쇠로 만든 길이 세상을 뒤흔들었다. 시커먼 연기를 뿜는 증기기관차가 달리는 철길 말이다. 그 '강철 혈관'을 통해 산업혁명이라는 거대한 심장이 온 나라에 피를 공급했다. 광활한 미국 대륙도 '대륙 횡단 철도'라는 거대한 바늘로 동부와 서부를 꿰매면서 사람과 돈의 엄청난 흐름을 만들어 냈고, 메이지 유신을 맞은 일본도 '도카이도선' 위로 근대화라는 새로운 피를 수혈받았다. 전쟁의 상처가 아물지 않은 폐허의 한반도 남쪽을 관통한 '경부고속도로'는 지금 우리가 누리는 풍요로움의 시작이었다.

이 위대한 길들의 공통점은 명확하다. 멈춰 있던 것들을 움직이게 하고, 단절된 것들을 연결해서, 이전 시대와는 비교할 수 없는 새롭고 강력한 '흐름'을 만들어 냈다는 것이다. 흐름이 막히면 모든 것이 멈춘다. 고속도로 위 단 하나의 사고만으로도 수천

대의 자동차와 그 안에 실린 물류, 그리고 사람들의 시간이 함께 세워진다.

이런 원리는 소통에도 그대로 적용된다. 소통의 흐름이 막히면 관계는 정체되고, 오해는 쌓이며, 기회는 사라진다. **아무리 좋은 생각과 뜨거운 진심을 가지고 있어도, 그것이 흐를 '길'이 막히거나 아예 없다면 그 가치는 0에 수렴한다.** 흐름이 멈추는 순간, 관계의 생명 활동도 멈춘다.

그런데 재미있는 건, 이렇게 중요한 '흐름'이라는 개념을 대부분의 사람들이 당연하게 여기면서도 정작 실제 소통에서는 자꾸 놓치고 산다는 점이다. 마치 숨쉬는 것처럼 자연스러워 보이지만, 막상 의식적으로 활용하려고 하면 어려워지는 그런 것. 그래서 '전혀 비밀이 아닌데 비밀 같은' 유사 비밀이 되는 거다. 세상에 하나의 길, 하나의 흐름만 있는 것은 아닌 것처럼 관계와 소통에도 여러 스타일의 길이 있다.

가장 빠르고 강력하며, 목적 지향적인 고속도로가 있다. 수백 명의 청중 앞에서 한 치의 오차도 없이 내 생각의 논리를 전달해야 하는 프레젠테이션이나, 회사의 명운이 걸린 비즈니스 협상처럼, 명확한 목표를 향해 달려가야 할 때 우리는 이 길을 선택해야 한다. 잘 닦인 고속도로는 나의 메시지에 신뢰와 힘을 실어준다.

때로는 여유롭고 다채로운 국도를 달려야 할 때도 있다. 새로운 동료와 점심을 먹으며 서로를 알아 가는 시간처럼, 길가의 작은 카페에 들러 예상치 못한 대화를 나누고, 창밖의 풍경을 함께 보며 유대감을 쌓아 가는 즐거움이 이 길의 흐름 속에 있다. 국도는 '효율' 대신, 목적지에 도착했을 때 곁에 남는 '관계'를 선물한다.

느리고 친밀한 마을 길의 흐름도 빼놓을 수 없다. 가족에게 "오늘 하루 어땠어?"라고 묻는 저녁의 대화나, 매일 아침 동료와 나누는 커피 한 잔의 시간. 이 길의 목적은 속도가 아니라 함께 있다는 안정감, 그 자체의 꾸준한 흐름이다. 이 길이 막히면, 마음의 집은 쉽게 고립된다.

절대 빼먹을 수 없는 길, 고요하고 상큼한 오솔길의 흐름도 있다. 둘도 없는 친구와 밤새 나누는 이야기처럼, 이 길에서는 목적지도, 효율도 필요 없다. 오직 서로의 보폭에 맞춰 함께 걷는 그 느리고 깊은 흐름 속에서, 우리는 마음의 가장 깊은 곳을 드러내고 온전한 교감을 나눈다.

고속도로로 질주해야 할 때와 오솔길을 거닐어야 할 때를 아는 지혜. 상황과 상대에 맞춰 최적의 길을 선택하고, 그 위에서 가장 자연스러운 결을 만들어 내는 힘. 나는 언젠가부터 이 모든 것을 아우르는 감각을 '흐름 감각'이라 부른다.

'흐름 감각'은 심리언어학의 '발화 생성 모델'이나 언어학의 '담화 분석', 그리고 2천 년 역사의 수사학에서 말하는 '배열(Dispositio)'의 원리들과도 깊이 맞닿아 있다. '흐름 감각'은 이런 이론들이 알려 주는 지혜를, 평범한 사람들이 일상에서 바로 써먹을 수 있도록 묶어낸 내 맘대로 붙인 실용적인 이름일 뿐이다.

흐름. 그것이 있을 때, 비로소 나의 진심이 왜곡 없이 상대에게 가 닿는다. 굳게 닫힌 마음의 문을 여는 마스터키다.

흐름. 그것이 있을 때, 비로소 우리의 관계는 깊어진다. 어색한 침묵을 채우고 오해의 틈을 메우는 생명력이다.

흐름. 그것이 있을 때, 비로소 새로운 기회가 창조된다. 멈춰있던 생각들을 움직이게 하고, 예상치 못한 아이디어를 탄생시키는 에너지다.

나의 소리를 자신 있게 내고 원하는 반응을 끌어내기 위해 절대 잊지 말아야 할 단 하나가 있다면, 바로 이 흐름이다. 이상하게도 너무 당연해서 오히려 놓치기 쉬운, 전혀 비밀이 아닌데도 비밀처럼 여겨지는 마지막 유사 비밀.

바로, 흐름이다.

까먹으면 바로 감옥 가는 특급 유사 비밀이라는 건, 진짜 비밀.

흐름 감각 (Sense of Flow)

[명사]

자신이 전달하고자 하는 생각과 감정을, 듣는 사람이 가장 이해하기 쉽고 자연스럽게 받아들일 수 있는 순서와 구조로 배열하여, 막힘없이 풀어내는 내재적 발화(發話) 능력.

이는 주로 다음의 능력들을 포함한다.

1. 생각의 구조화 :

   머릿속에 흩어져 있는 여러 생각의 조각들 중에서 핵심적인 '뼈대'를 찾아내고, 그것을 논리적인 순서에 따라 재배열하는 능력.

2. 이야기의 설계 :

   단순한 정보의 나열이 아닌, 듣는 사람의 감정선을 고려하여 서사(이야기)의 형태로 만들어내는 능력. 이는 말에 생명력과 흡인력을 부여한다.

3. 자연스러운 발현 :

   이렇게 내면에서 구조화된 생각이, 억지스러운 기교나 암기 없이, 마치 잘 닦인 길을 따라 물이 흐르듯 자연스럽게 말로 표현되는 상태를 포함한다.

[출처 : 게소리 사전]

5-5

미켈란젤로와 마음소릿길

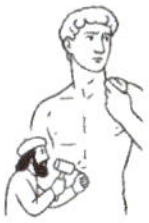

16세기 초 피렌체 대성당의 작업장에는 특별한 대리석 원석이 하나 있었다. 1464년 아고스티노 디 두초가 다비드상 제작을 시작했다가 중단했고, 1476년 안토니오 로셀리노가 다시 맡았지만 역시 포기한 돌이었다. 25년간 방치된 이 거대한 대리석은 높이 5미터가 넘고 폭이 좁은 까다로운 형태였다. 이전 작업자들이 남긴 흔적들 때문에 많은 조각가들이 작업을 꺼렸고, 사람들은 이 돌을 크기 때문에 '거인(il Gigante)'이라 불렀다.

1501년, 피렌체 대성당 위원회는 이 대리석으로 조각상을 완성할 예술가를 다시 찾았다. 경쟁을 통해 26세의 미켈란젤로 부오나로티가 선정되었다. 그는 이미 로마에서 '피에타'를 완성하며 실력을 인정받은 상태였다. 미켈란젤로는 이 까다로운 재료에서 새로운 가능성을 발견했다. 좁은 폭을 활용해 긴장감 넘치는 다비드의 모습을 구상했다. 골리앗과의 전투를 앞둔 순간의 다비드 – 결연한 의지와 내재된 힘을 보여주는 청년의 모습이었다.

그해 9월, 본격적인 작업에 착수한 그는 정과 망치만으로 고독한 창작에 몰두했다. **그에게 조각은 무에서 새로운 것을 만들어내는 '창조'가 아니었다. 이미 돌 안에 존재하는 형상을 해방시키는 '발견'이었다.** 그는 이런 생각을 "조각은 불필요한 것을 제거하는 것"이라고 표현했다고 한다.

3년 후, 완성된 다비드상이 마침내 공개되었다. 높이 5.17미터의 이 작품은 피렌체 공화국의 이상과 인간의 존엄성을 상징하는 걸작이 되었다. 25년간 방치되었던 '문제의 돌'은 한 젊은 예술가의 상상력을 통해 인류 문화사에 영원히 남을 불멸의 작품으로 거듭났다.

이 위대한 거장의 이야기는, 비단 500년 전 피렌체의 대리석에만 국한된 것이 아니다. 이것은 '나'의 소리를 찾으려는 누군가의 이야기다. 우리 안에도, 다른 사람들이 미처 보지 못하는, 혹은 나 자신조차 "이건 결이 안 좋아.", "이미 망친 돌이야."라며 외면하는 원석이 있다. 바로 우리가 매일 만들고 쌓아 가는 '일상의 경험과 생각'이라는 원석이다. 쉬지 않고 이어지는 수많은 경험, 정제되지 않은 생각, 날것의 감정이 뒤섞인 혼돈의 돌덩어리. 그 안에는 분명, 세상 어떤 것보다 아름답고 힘 있는 '나의 진정한 목소리 다비드'가 잠들어 있다.

나를 아끼고 귀하게 여기며 상대방도 만족하게 만드는 '전략적 나 중심 소통'은 이 원석을 깎아 내는 일에서 시작된다. 조각가가 정과 망치를 들듯, 우리는 '의도'와 '목적'이라는 연장을 든다. 어떤 형태를 만들지 '설계'하고, 불필요한 군더더기를 쳐내고, 섬세하게 결을 다듬는다. 이 의식적이고 지난한 과정을 거쳐, 그저 소음에 가까웠던 말을 뱉어 내던 '혼돈의 출발점'은 비로소 하나의 의미 있는 형태를 갖춘 '마음소릿길'이 된다.

어떤 분들은 이런 질문을 할 수도 있겠다. 현장에서는 늘 그랬으니까.

"그렇게 힘들게 돌을 깎는 게, 가성비가 좋은 일인가요?"

내 대답은 '그렇다'이다. '마음소릿길'을 닦는 것은 우리 인생에서 할 수 있는, 가장 가성비가 좋은, 그것도 압도적으로 좋은 투자다. 투자 비용이라고 해봐야, 새로운 것을 배우는 데 드는 것은 비싼 돈이 아니라, '내 안을 들여다볼 용기'와 '꾸준히 연습할 의지' 정도가 전부다. 재료는 이미 내 안에 차고 넘치니까.

반면 그 수익은 어떨까? 관계 개선, 기회 창출, 자신감 상승 등, 삶의 모든 영역에서 평생에 걸쳐 '복리' 이자가 지급된다. 다비드상에 투자한 피렌체 시의회가 역사상 최고 수준의 가성비 투자를 한 것처럼 말이다. 그런데도 왜 대부분은 이 '가성비 갑오브갑' 공사를 시작조차 하지 않을까? 몇 가지 강력한 장벽 때문인데, 내가 생각하는 가장 큰 원인은 내 안에 닦을 수 있는 '길'이 있다는 사실 자체를 모르기 때문이다.

꾸준히 ‘마음소리’를 조각하다 보면 그렇게 길지 않은 시간 내에 변화가 찾아온다. 더 이상 ‘어떻게 깎아야 하지?’라고 기술을 의식하지 않아도, 내 마음속 형태가 손끝을 통해 자연스럽게 흘러 나오기 시작한다. 미켈란젤로의 손이 마치 돌과 하나가 된 듯 움직였던 것처럼, 마음소리가 말소리와 자연스럽게 연결된다.

그런 순간까지 가는 과정은 유창한 영어 프리토킹 능력이 좋아지는 과정과 매우 비슷하다. 문법 규칙과 단어를 의식적으로 생각하며 ‘번역’하는 단계에서는 자연스러운 대화가 불가능하다. 하지만 수많은 연습을 통해 그 모든 것이 체화되면, 어느 순간 머리가 아닌 입으로 영어가 흘러나온다. 마음소릿길도 마찬가지다. 소통 기술을 의식하는 단계를 넘어 내 마음이 곧장 말소리로 흘러나오게 된다. 물론 이것 역시 나만의 생각은 아니다. 이미 여러 전문가들이 각자의 언어로 설명해 온 ‘몸에 밴 자유’의 상태다. 심리학자 칙센트미하이가 말한 ‘몰입(Flow)’, 칼 로저스가 말한 ‘일치성(Congruence)’, 그리고 사회학자 부르디외가 말한 ‘아비투스(Habitus)’ 등이 유사한 개념이다.

‘마음소릿길’이 단단하게 닦였을 때, 삶에는 구체적으로 세 가지 변화가 찾아온다.

첫째, 내면의 소음이 사라지고, 고요한 자기 확신이 자리 잡는다. ‘이 말을 해도 될까?’ 하는 자기 검열의 브레이크가 사라진다. 대화가 끝난 뒤, “아, 그 말을 했어야(또는 하지 말았어야) 했는데.”라며 이불을 걷어차는 밤이 현저히 줄어든다. 내 안의 생각과 감정의 흐름을 믿기 때문에, 모든 소통의 순간에 더 이상 나 자신과 싸우느라 에너지를 낭비하지 않게 된다.

둘째, 관계의 깊이와 폭이 달라진다. 신기한 것은 내 마음의 길이 잘 닦일수록, 그 길 위로 다른 사람의 말소리 또한 선명하게 흘러들어 온다는 점이다. 내가 먼저 내 생각의 '뼈대'를 세워 본 사람이, 상대방의 횡설수설하는 말 속에서도 그가 세우려던 '뼈대'를 더 잘 발견하게 된다. 나의 길을 닦는 지극히 개인적인 행위가, 역설적으로 타인을 더 깊이 이해하는 가장 확실한 길이 되는 것이다.

셋째, 소통이 '비용'이 아닌 '자산'이 된다. 소통의 불확실성에 대한 두려움이 사라지면서, 사람을 만나고 대화하는 것이 더 이상 피곤하고 어려운 일이 아닌, 즐겁고 기대되는 일이 된다. 불필요한 감정 소모와 갈등이 사라지고, 원하는 것을 더 명확하고 쉽게 얻게 되면서, 모든 소통의 순간은 새로운 기회를 창출하는 '투자의 시간'이 된다.

누구나 자신만의 대리석 원석이 깊숙한 내면에 잠들어 있다. 그 돌을 그저 바라만 보며 평생을 보낼 것인가, 아니면 정과 망치를 들고, 서툴더라도 나만의 조각을 시작해 볼 것인가.

첫 망치질이, 우리 마음소릿길의 첫 풍경을 결정한다.

뒷담 소리 05

정텔러, 나 진짜 머리가 터질 것 같다! 경청, 공감 같은 기술들은 열심히 배웠는데, 막상 써먹으려니 사람마다 달라서 모든 지구인들한테 똑같이 통하질 않는다. 근데 어떤 지구인들은 마치 처음부터 아는 것처럼, 망가진 피아노로 연주하듯 자연스럽게 소통의 '흐름'을 이끌어 간다. 도대체 비결이 뭐냐? 내가 모르는 진짜 비밀이라도 있는 거냐?

찰스, 그건 비밀이 아니야. 넌 지구에서 잘 지내보려고 계속해서 개별 기술만 쇼핑하고 있지만, 고수들은 자기 안에 있는 경험이라는 원석을 깎아서 '마음소릿길'이라는 단단한 길을 닦는 데 시간을 쓰거든. 화려한 기술 이전에, 그 모든 것을 소화하고 지탱할 '기초체력'과 내면의 '흐름 감각'을 먼저 다듬는 것. 그것이 바로 이미 수북하게 쌓여 있는 너만의 괜찮은 면들을 꺼낼 수 있는 비밀 아닌 비밀인 거야.

3부

이미 괜찮은 내 안의 원석

여섯 번째 소리. 나의 가성비와 절반의 눈물

일곱 번째 소리. 분해하면 별이 보여

여덟 번째 소리. 나만의 별자리를 그려봐

들어보세요
당신의 게소리

여섯 번째 소리

나의 가성비와 절반의 눈물

6-1

아스팔트

갓 포장된 아스팔트 도로 위를 달려본 경험, 운전자라면 누구나 있을 것이다. 매끈하게 뻗은 반질반질한 검은 융단 위를 달릴 때의 그 느낌. 타이어가 노면에 감기며, 소음도 저항도 없이 미끄러지듯 나아가는 그 순간. 왠지 모를 쾌감과 함께, 앞으로의 모든 일이 다 순조롭게 풀릴 것만 같은 기분 좋은 착각마저 든다.

왜 잘 닦인 아스팔트 길 위에서 이런 안정감과 쾌감을 느끼는 걸까? 이 검고 끈적한 물질의 정체는 대체 뭘까? 호기심을 이기지 못하고…는 아니고, 찾아봐야 책에 담을 수 있어서 녀석의 역사를 찾아보기 시작했다.

이야기는 수천 년 전, 고대 메소포타미아에서 시작된다. 인류가 거대한 지구라트를 쌓아 올리고, 갈대배를 타고 유프라테스강을 누비던 시절. 그 위대한 문명의 숨은 공신은 땅에서 끈적하게 솟아나는 검은 액체, '역청(아스팔트)'이었다. 이때의 아스팔트는 주인공이 아니었다. 그저 강력한 '방수제'이자 '접착제'였을 뿐.

벽돌과 벽돌 사이를 메우고 배의 틈을 막아주는, 아주 유용하지만 어디까지나 조연에 불과한 역할이었다. 수천 년 동안, 아스팔트의 운명은 무언가를 '돕는' 것에 그쳤다. 로마인들이 그토록 위대한 도로들을 만들 때조차 이 검고 끈적한 물질을 길의 주재료로 쓸 생각은 하지 못했다.

시간이 흘러 19세기. 산업혁명의 엔진이 세상을 뒤흔들고, 석유를 정제하여 등불을 밝히던 시대가 열렸다. 이 과정에서 골칫덩어리 하나가 생겨났다. 석유를 끓이고 남은, 쓸모없는 검은 찌꺼기. 바로 '인공 아스팔트'였다. 그즈음 누군가 깨달았다. 수천 년간 배의 틈에나 사용되던 그 끈적한 역청과 공장의 굴뚝 아래 쌓여 가던 이 검은 찌꺼기가, 사실은 같은 물건이고 그 진짜 힘은, 무언가를 단단하게 '붙이는' 데 있는 게 아니라는 사실을.

아스팔트의 진짜 효용성은 그 자체의 단단함이 아니었다. 그것은 아무짝에도 쓸모없어 보이던 자갈과 모래들을 하나로 끈끈하게 묶어, 완전히 새로운 가치를 가진 '도로'로 만들어내는 '관계의 마법'에 있었다. 흩어져 있을 때는 그저 파편에 불과했던 돌멩이들이, 아스팔트라는 '연결고리'를 만나 비로소 자동차가 달릴 수 있는 거대한 '흐름'을 만들어낸 것이다.

아스팔트의 역사는 사람들이 '서사'의 힘을 오해해 온 역사와 비슷한 점이 있다. **서사는 흩어져 있는 경험과 생각을 하나로 묶고, 다른 사람의 마음으로 향하는 단단한 '길'을 만드는 '소통의 아스팔트'다.** 일상을 서사로 구성하는 연습이 압도적인 가성비를 갖는 이유가 바로 여기에 있다.

발성 연습, 제스처 훈련, 유머 감각 키우기, 경청의 기술, 공감의 화법…. 이것들은 길 위에 흩어진 좋은 자갈들을 하나씩 줍고 정성껏 닦는 것과 같다. 당연히 나름의 가치와 의미가 있다. 하지만 상대적으로 너무 많은 시간과 노력이 필요하다. 자갈들을 아무리 닦아봐야 그 자체로 자연스러운 길이 되는 것도 아니다. 설령 하나씩 모여서 언젠가는 길이 된다고 해도 시간과 노력의 양을 생각하면 현실적 가성비가 좋지 않다.

하지만 '서사'는 다르다. 아스팔트로 그 모든 자갈을 한 번에 섞어 길 전체를 포장하는 것과 같다. 흩어져 있던 나의 경험과 생각에 시작과 중간, 끝이라는 '구조'를 부여하고, 그 사이를 '인과관계'라는 논리로 연결하고, '의미'라는 방향성을 제시하는 훈련.

이 훈련 하나가, 다른 여러 가지의 개별 기술을 따로 연마하는 것보다 훨씬 더 근본적이고 강력한 변화의 출발점이 된다. 최소의 비용으로 최대의 삶의 무기를 가질 수 있는 가장 효율적인 가성비 투자인 셈이다.

6-2

약 파는 스토리텔러

솔직히 '서사'라는 말에 이런 생각들이 드는 사람도 있을 거다.

"아, 뭐야. 혹시 또 그놈의 스토리 뭐시기 말하는 거 아냐?"
"이 아저씨, 어디서 약을 팔고 있어!"
"직업이 무슨 스토리텔러라더니 결국 스토리가 최고라고 약 팔러 왔구만?"

이해한다. 세상에는 서사에 대한 책이 넘쳐나고, 너도나도 중요하다고 외쳐대니까.

그래서 나도 가끔은 답답하다. 오래전, "남자한테 참 좋은데, 어떻게 표현할 방법이 없네."라며 머리를 긁적이던 광고 속 그 사장님처럼, 나도 솔직히 좀 답답하다.

'서사'라는 이 건강식품이 마음소릿길에 얼마나 '참 좋은' 아스팔트인지, 이걸 어떻게 지루하지 않게 표현할 방법이 없네. 허… 참….'

이 효능을 조목조목 설명하자니, '또 뻔한 소리'라며 고개를 돌려 버릴 테고. 그렇다고 무작정 믿으라고 할 수도 없는 노릇이다. 소통에도 어느 정도의 밀당이 필요하다지만, 이건 시작부터 너무 어렵다. 그러니 믿고 안 믿고는 각자의 자유다.

'에이, 속는 셈 치고 한번 따라가 볼까.' 싶으면 이 책을 계속 읽는 거고, '됐네요, 뻔한 소리 마셈!' 이런 말소리가 목을 살살 간지럽히고 있다면 뭐, 여기서 책을 덮어도 어쩔 수 없다. 후자를 선택한 분들은 잠시라도 소통해서 즐거웠고, 환불은 출판사에 문의해 보시라.

.

.

.

.

.

.

.

.

라고 할 줄 알았지?

.

.

.

아니거든? 흥.

.

.

그야말로 천만의 말씀 만만의 콩떡에 어림 백 원어치도 없는 소리다.

피 같은 돈과 시간을 들여서 여기까지 온 분들에게, '어쩔 수 없는 거고' 같은 무책임한 말을 한다면, 나는 광장 한복판에서 곤장을 스무 대쯤 처맞아도 마땅한 천하의 음….

어쨌든!

이 책을 집어 들고 근사한 제목과 분위기 넘치는 프롤로그에 낚여서 여기까지 따라온 순간, 이미 나와의 본격적인 인연은 시작돼 버렸다. 그리고 나는 졸린 눈을 비비고 허벅지를 찔러가며 여기까지 읽고 계신 훌륭한 분을 어중간하게 내버려둘 생각이 전혀 없다.

자, 잡설은 여기까지 하고, 우선 결론부터.

"닥치고 서사!"

갑자기 왜 이렇게 단호해졌는지 이유를 풀어 본다. 그것은 바로, 당신이 서점에서 그토록 찾아 헤맸던 거의 모든 '말로 소통하는 방법'의 뿌리가, 사실은 이 '서사' 하나에 다 담겨 있기 때문이다.

논리적으로 말하고 싶다고? 잘 짜인 서사는 그 자체로 완벽한 논리를 품고 있다. '아침에 늦잠을 자서(원인), 허겁지겁 뛰다가(과정), 회사에 지각했다(결과)'는 이야기에는 군더더기 없는 인과관계의 논리가 담겨 있다. 사람의 뇌는 원래 인과관계로 세상을 파악한다. 서사는 그 뇌의 작동 방식과 가장 닮은, 최고의 논리 도구다.

핵심만 간단히 말하고 싶다고? 핵심을 말한다는 것은 핵심이 무언지 알고 있다는 뜻이다. 그리고 전체 흐름 속에서 어느 정도의 줄거리로, 어떤 순서로 말해야 한다는 것도 알고 있다는 의미다. 서사화 능력이 체화되어 있지 않으면 다양한 상황에서 이런 것들을 자연스럽게 꺼내기란 거의 불가능하다.

센스 있는 사람이 되고 싶다고? 어색한 침묵이 흐를 때, 분위기를 환기시키는 짧은 에피소드 하나를 던지는 사람을 상상해 보자. 딱딱한 회의나 다양한 만남의 시간에 경험을 토대로 대화의 주제와 소재를 적절한 타이밍에 구사하는 소위 '센스' 있는 사람은, 서사를 다룰 줄 아는 사람이다. 서사를 자유자재로 활용하는 것 자체가 최고의 센스가 되는 것이다.

대부분의 사람들은 '차'(말하는 기술)에 광을 내는 것에 집중하는 경향이 있다. '유머러스한 화법', '상대를 사로잡는 화법', '간결하게 말하는 법' 같은 기술들 말이다. **하지만 정작 그 차가 달려야 할 '길'(서사)은 비포장 자갈밭으로 내버려둔다. 최고급 페**

라리도 험한 자갈밭에서는 무용지물이다. 그 자갈밭 위에 '서사'라는 매끄러운 아스팔트를 까는 것. 길이 잘 닦여 있으면, 그 위를 경차가 달리든, 트럭이 달리든, 고급 세단이 달리든 상관없이 쾌속 질주가 가능하다. 논리적으로 말해야 할 땐 논리의 차를, 센스 있게 말해야 할 땐 센스의 차에 앉아 달리면 그만이다.

그러니 이제 다른 열쇠들은 잠시 주머니에 넣어 두자. '서사'라는 이 마스터키 하나를 제대로 깎고 벼리면, 당신의 굳게 닫힌 소통의 문은 생각보다 훨씬 더 쉽게 열릴 테니까. 나머지 열쇠들도 길이 닦인 뒤에 그 위에서 활용하면 생각보다 훨씬 큰 무기가 되어줄 테니까.

흠….

아, 진짜라니까!
닥치고, 서사!

트러스트 미!

6-3

냉동 대패 삼겹살

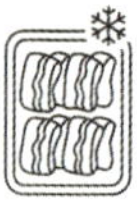

마트 시식 코너의 유혹은 언제나 강력하다. “한 시간만 특별 할인!”을 외치는 판매 직원의 목소리에 홀려, 나도 모르게 카트에 담게 되는 물건들이 있다. 그중 대표적인 녀석이 바로, 돌돌 말려 랩에 싸인 ‘냉동 대패 삼겹살’이다. ‘언젠가 먹겠지.’ 하는 막연한 기대로 계산을 마치고 집에 돌아오지만, 그 녀석의 운명은 대부분 정해져 있다. 냉장실이 아닌 냉동실 가장 깊숙한 구석으로 직행하는 것.

그렇게 대패 삼겹살은 잊힌다. 신선한 채소와 오늘 사 온 계란, 며칠 안에 먹어야 할 두부에게 우선순위를 내어 주고, 딱딱하게 얼어붙은 채 시간의 먼지를 뒤집어쓴다. 그러다 문득, 냉장고가 텅 비고 반찬이 다 떨어진 어느 저녁. 냉동실 문을 열고 한참을 뒤적이다가 마침내 그 녀석과 마주하게 된다. 그리고 부인마님을 바라보며 이렇게 중얼거린다.

"마님, 죄송한데요. 먹을 게 없는데, 오늘은 그냥 이걸로 대충 어떠세요?"

'대충 때우는' 신세. 이것이 우리 일상 속 대패 삼겹살의 운명이다. 특별한 날엔 '투뿔 한우'를 찾고, 기분 전환이 필요할 땐 쫄깃한 광어회를 주문하지만, 대패 삼겹살은 늘 최후의 보루, 혹은 귀찮음의 산물일 뿐인 경우가 많다. 물론 이것도 없어서 못 드시는 분들께는 죄송하다. 다행히 딱 그 정도는 먹고 살 형편이 돼서 꺼내는 비유일 뿐이니 양해 부탁드린다. 어쨌든 많은 이들이 싸구려 냉동 고기에 어떤 대단한 잠재력이 있으리라 기대하지 않는다.

그런데 어느 날 집에 유명한 요리 대가가 찾아왔다고 상상해 보자. 최고의 재료를 내어 주고 싶지만, 하필이면 그날따라 냉장고가 텅 비어 있다. 속으로는 어떻게 생각할지 모르겠지만 친절한 요리 대가는 웃으며 말한다.

"괜찮습니다. 냉동실에 뭐 없나요?"

어쩔 수 없이 구석에 처박혀 있던 대패 삼겹살을 꺼내 놓는다. 민망함에 얼굴도 살짝 화끈거린다. 하지만 요리 대가는 "이게 진짜 귀한 겁니다."라며 의미심장한 미소를 지을 가능성이 매우 높다. 그는 딱딱하게 얼어붙은 고기를 해동하고, 간장, 설탕, 마늘, 후추 같은 지극히 평범한 양념 몇 가지를 황금 비율로 섞어 낸다. 달궈진 팬 위에서, 현란한 손목 스냅으로 고기를 볶아 내기 시작한다. '치이익' 하는 소리와 함께, 주방은 순식간에 달콤하고 짭짤한, 황홀한 냄새로 가득 찬다.

마침내 눈앞에 놓인 한 접시의 요리. 윤기가 자르르 흐르는 그 모습은, 더 이상 초라한 대패 삼겹살이 아니었다. 한 점 집어 입에 넣는 순간, 눈은 동그래진다.

"이놈이 그놈, 그 대패 삼겹살이라고? 언빌리버블! 어지간한 한우보다 훨씬 맛있음!"

방금 전까지 그냥 값싼 냉동 고기였던 대패 삼겹살이 어떻게 한우 요리보다 더 군침 도는 음식으로 변신했을까? 문제는 '재료'의 등급이 아니었다. 바로 '요리법'이었다. 재료가 가진 잠재력을 꿰뚫어 보고, 그 맛을 최대로 끌어내는 '연결과 조합의 기술' 말이다.

우리의 '일상'도 이 냉동 대패 삼겹살과 똑같다. 아이와 씨름하고, 밀린 설거지를 하고, 멍하니 유튜브를 보다 잠드는 하루. 여느 때처럼 출근해서 일과 씨름하고 스트레스 받고 지친 몸으로 돌아와 휴식을 취하는 하루. 사람들은 자신의 일상이 너무나 평범하고, 심지어는 지루하다고 생각한다. 그래서 말을 할 때면, **내 일상이라는 재료는 거들떠보지도 않고, 어디선가 들었던 그럴싸한 이론이나 남의 대단한 성공담 같은 '투뿔 한우'를 먼저 생각한다.** 물론 재료가 좋으면 당연히 좋다. 그러나 좋은 재료도 요리에서 실패하면 결과는 뻔하다.

'마음소릿길'을 포장할 최고의 아스팔트는, 바로 그 냉동실 구석에 잠자고 있던 냉동 대패 삼겹살, 바로 일상의 경험이다. 공짜에 무한대로 제공되며, 평생 마르지 않는 최고의 천연자원이다. 지루한 일상이라는 그 대패 삼겹살은, 어떻게 요리하느냐에 따라 이 세상 어떤 특별한 경험보다 더 쫄깃하고 감칠맛 나는 이야기가 될 수 있다. 왜냐하면 그 이야기에는, 다른 누구도 흉내 낼 수 없는 나만의 '진짜 삶'의 맛과 향이 진하게 배어 있기 때문이다.

더 이상 나의 하루를 '아무 일도 없었음'으로 치부하며 낭비하지 않았으면 한다. 나의 경험은 '황금알을 낳는 거위'다. 중요한 건, 매일매일 그 거위가 낳은 작고 소박한 황금알 하나를 소중히 여기고, 그것을 반짝반짝하게 닦아 보는 습관을 들이는 것이다.

필요한 것은 3가지뿐이다.

냉동실 문을 열고 그 잠자고 있던 재료를 꺼낼 '용기', 그 딱딱한 일상을 녹여줄 '따뜻한 관심의 불', 그리고 그것을 쫄깃한 이야기로 볶아 낼 '서사라는 이름의 마법 소스'다.

6-4

먹고는 사니까

"그래, 무슨 말인지는 알겠다. 근데 그게 말처럼 쉽냐고…."

아마 이쯤에서 고개를 끄덕이면서도, 속에서는 이런 생각이 스멀스멀 고개를 들고 있을 수도 있다. 맞다. 사실 말은 무엇이든 쉽다. 말로는 대패 삼겹살이 아니라, 길거리 잡초를 뽑아다 최고급 한정식집의 봄나물 무침으로 만들지 못할까.

현장에서 만나는 사람들 중에, 자신의 일상을 의미 있는 서사로 다듬어 보려는 시도를 '끝까지' 해내는 사람은, 솔직히 열에 둘 셋을 넘지 않는다. 덕분에 나 같은 직업인이 먹고 사는 것도 현실이다. 직접 실천하는 사람들은 친구로 남고, 여러 이유로 실천이 힘든 사람들은 계속 의뢰인으로 남는 거다.

사람들은 왜 이토록, 자신의 가장 값싸고 풍부한 재료를 활용하는 것을 어려워할까? 이유는 크게 세 가지다.

첫째, '안 해도 먹고는 살기' 때문이다. 횡설수설의 이불킥이 아무리 고통스러워도, 그것 때문에 회사에서 잘리거나, 가족에게 버림받는 극단적인 경우는 거의 없다. 그저 약간의 불편함, 약간의 자괴감, 약간의 기회비용을 지불할 뿐이다. 당장 생존을 위협하지 않는 만성 두통 같은 것이라, 진통제 한두 알(술, 유튜브, 쇼핑 등)로 잠시 잊는 쪽을 택한다.

둘째, '보상이 불확실'하기 때문이다. 나의 일상을 들여다보는 데는 상당한 '심리적 비용'이 든다. 시간과 노력이라는 '물리적 비용'도 마찬가지다. 하지만 그렇게 해서 얻게 될 '수익'은 당장 눈에 보이지 않는다. 이 불확실한 투자를 하느니, 차라리 지금의 불편함을 감수하는 것이 더 합리적이라고 판단한다.

셋째, **'일상이라는 중력'이 너무나 강력하기 때문이다.** 어제와 똑같은 오늘을 살고, 오늘과 똑같을 내일을 맞이하는 것. 그것은 마음을 안정시키는 가장 강력한 힘이자, 새로운 시도를 가로막는 가장 거대한 관성이다. 굳이 힘든 새 길을 닦는 대신, 조금 울퉁불퉁해도 익숙한 길이 마음도 편하다.

처음에는 답답했다. 왜 이렇게 좋은 걸 안 하지? 꽤 오랫동안 이런 생각으로 살다가 어느 순간부터 알게 되었다.

'아, 이건 내가 어떻게 할 수 있는 문제가 아니구나.'

누구나 자기 삶의 결정권이 있다는 단순한 사실을 깨닫고 받아들이기 시작하면서 모든 이유가 이해되기 시작했다. 실천은 언제나 쉽지 않다. 그게 현실이다. 다만, 이것 하나만은 기억을 해줬으면 한다.

'나의 가장 평범한 하루가, 내가 가진 가장 강력하고도 '가성비 높은' 무기가 될 수 있다는 가능성' 자체를 말이다. 굳이 매일같이 연습하지 않아도 괜찮다. 지금 당장 당신의 일상을 정면으로 되돌아볼 마음이 생기지 않아도 좋다. 그저 이미 내 안에는 그런 가능성의 '원석'이 수북하게 쌓여 있다는 것을 잊지 않고 사는 것, 나의 경험과 생각이 길거리 '잡초'가 아니라, 언제든 최고의 '건강 나물 요리'가 될 수 있는 희귀한 약초라는 사실을 '인식'하는 것.

그 기억을 유지하는 것만으로 이미 충분한 시작이다. 더 이상 필요 이상으로 겸손할 필요도, 자기 자신을 과소평가할 필요도 없다. 왜냐하면, 이제는 언제든 꺼내 쓸 수 있는 비장의 카드가 있다는 걸 알기 때문이다. 그러다 어느 날, 정말 '내 소리'를 내고 싶은 마음이 들 때, 내 마음이 나에게 허락의 신호를 보낼 때, 그때 비로소 냉동실의 대패 삼겹살을 꺼내고, 첫 '마음소리' 조각을 위한 망치를 들면 된다.

6-5

절반의 눈물이 괜찮은 이유

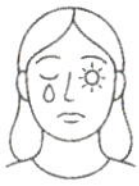

나는 사람들의 이야기를 듣는다. 그들이 숨겨 온 목소리를 세상에 전하는 길을 만드는 것이 내 일이다. 오랫동안 이 일을 하며 경험하는 패턴이 하나 있다. 자신의 진짜 이야기를 처음으로 꺼내는 사람들 중 절반은 반드시 운다는 것이다.

초창기에는 그저 당황스러울 뿐이었다. 사회적으로 그렇게 부족해 보이지 않는 사람들, 심지어 아주 단단해 보이기까지 하는 멀쩡한 성인들이 갑자기 울거나 눈물을 참으려 애쓰는 모습을 보는 것은, 내 직업 계획에 없는 것이었으니까. 하지만 시간이 지나며 알 수 있었다. 그 눈물이 결코 나약함의 증거가 아니라는 것을. 나는 그 눈물을 '절반의 눈물'이라고 부른다.

절반 정도가 흘리는 눈물의 절반은 설움이다. 그들은 말하지 못하고 살아온 자신을 본다. 사업 부진으로 배우자와 자녀들에게 무시당해 왔던 날들, 믿었던 동업자에게 당한 배신, 모든 것을 잃고 주변 사람들에게 외면당했던 날들, 회의실에서 더 좋은 아이디어가 있었지만 입을 다물었던 순간들. 부당한 일을 당하고도 "네."라고만 답했던 날들. 소중한 사람에게 진심을 전하지 못한 상태로 사별하거나 관계의 끈을 놓아 버린 기억들…. 생각나는 대로 다 쓰려면 이대로 책 한 권이 끝나 버릴 수도 있으니까 여기까지.

아무튼 그동안 '말하지 못한 나의 마음들'이 가슴 깊숙한 곳에 쌓여 응어리가 되었다가, 마침내 숨겨 왔던 '또 다른 나'를 인식하는 순간 한꺼번에 터져 나온다. 그들은 과거의 상당 부분을 돌아보기 싫은 기억이나 지워지지 않는 흑역사라며, 부끄러운 화석처럼 여기며 아파했다.

하지만 나머지 절반은 안도감이다. 그 부끄럽다고만 생각했던 과거들이, 사실은 지금의 자신을 만든 소중한 자산임을 깨닫는 순간의 안도감. 그 경험들이 있었기에 지금의 이미 괜찮은 내가 있다는 것을 깨닫고 자신의 과거와 마침내 화해하는 눈물이다.

그런 경험과 기억들 모두 '최고의 비료'가 된다. 오늘 '이미 괜찮은 나'를 내일 '더 단단한 나'로 키워낼 귀한 양분 말이다. 이 '절반의 눈물'을 흘리는 사람들에게 꼭 전하고 싶은 말이 있다.

"당신은 이미 충분히 괜찮은 사람이다."

그 눈물을 흘리고 있는 지금 이 순간의 당신도, 어제 실수했던 당신도, 내일 또 실수할지도 모르는 당신도. 모든 순간의 당신이 이미 괜찮다. **당신이 살아오며 겪었던 모든 경험들-심지어 후회스럽고 부끄럽다고 생각하는 그 순간들까지도-그 모든 것이 지금의 당신을 만든 소중한 재료다.** 상처받은 당신의 손을 직접 잡아줄 수 있는 힘이 이미 그 경험들 속에 단단하게 응축되어 있다. 지치고 힘들 때, 우리는 누군가 내 손을 잡아 주길 간절히 바란다. 어쩌면 지금 이 순간에도 기댈 곳 하나 없다는 외로움에 잠겨 있을지 모른다.

하지만 괜찮다. 쉽지 않겠지만 그래도 자신에게 약간의 여유를 허락해 보려고 노력해 보자. 어차피 새로운 하루는 이어지고, 새로운 경험들이 당신 안에 차곡차곡 쌓인다. 매일매일 당신이라는 존재는 더 깊어지고, 더 풍성해진다.

'이미 괜찮은 나'가 자리 잡으려면 최소한의 시간은 필요하다. 최소 한두 달 정도는 걸리고, 완전히 뿌리내리려면 그 이상의 시간은 분명 필요하다. 평판에 대한 관심을 잠깐 접어두고, "나는 이미 괜찮은 사람"이라며 당신의 손으로 당신의 등을 다독이기 시작하는 순간, 세상이 오히려 당신에게 다가온다. 당신의 단단함을 알아보고, 당신의 이야기에 귀를 기울이기 시작한다.

할 일은 생각보다 복잡하지 않다. 그저 매일매일 자기 자신을 믿어주는 것. "오늘 하루도 나는 괜찮은 나"였음을 인정해 주는 것. 때로는 "괜찮다, 내일 다시 하면 돼."라고 격려해 주는 것.

마치 소중한 화분을 돌보듯, 나라는 존재에게 필요한 영양분을 조금씩 보충하면 된다. 좋은 책 한 권, 따뜻한 차 한 잔, 산책

길에서 만난 꽃 한 송이. 이런 작은 것들이 모여 당신을 더 건강하게, 더 단단하게 만들어 간다.

실수해도 괜찮다. 넘어져도 괜찮다. 조금 비겁했어도, 조금 초라했어도 괜찮다. 그런 것들은 그저 '내가 그냥 지구인이라는 증거'로 인식하면 될 일이다. 그리고 다시 일어서면 된다. 어차피 당신에게는 새로운 시간이 매일 밀려온다. 그 시간을 원하는 기억과 경험으로 채워 넣으면 지금의 괴로움은 보이지도 않는 과거의 별빛이 된다.

그러니 잊지 않았으면 좋겠다. 지금까지 살아오며 모아온 수많은 경험과 생각들, 그 모든 것이 세상에서 가장 소중한 보물이라는 사실을. 그 별빛 같은 순간들이 모여 지금의 괜찮은 당신을 만들었고, 앞으로도 당신을 더 빛나게 할 것이라는 사실을.

나는 대안 없는 위로는 공허하다고 믿는 지독한 현실주의자다. 계속 말하지만 이건 어쩔 수 없는 직업병이다. 내 모든 현장의 경험을 바탕으로 자신 있게 말할 수 있다.

당신은 이미, 온 우주를 품고 있다.

당신 자체가, 가성비 갑오브갑 삶의 무기라는 것. 절대 잊지 말기를.

뒷담 소리 06

찰스

정텔러, 난 지구에서 잘 지내보려고 마음이 급하다. 눈앞에 보이는 자갈들을 먼저 줍고 쓰고 싶은데, 왜 자꾸 길 전체에 아스팔트를 깔라고 하는 거냐? 지금 당장 쓸 수 있는 강력한 무기가 필요한데, 서사라는 건 너무 느리고 답답하다. 이거 진짜 '가성비'가 있는 거 맞냐?

정텔러

찰스, 최고의 '가성비'는 바로 거기에 있는 거야. 자갈만 백 날 쌓아 봐야 그 위를 쾌속 질주하기는 현실적으로 어렵거든, 그런데 아스팔트 길 하나만 잘 닦아 두면 어떤 기술이든 그 위에서 자유롭게 달릴 수 있잖아. 게다가 그 재료는 네가 매일 공짜로 얻는 '일상'이라는 '냉동 대패 삼겹살'이야. '가장 값싼 재료로 가장 단단한 길을 닦아, 사회적 몸값도 올리고 결국엔 '나는 이미 괜찮은 존재'라는 목적지까지 가장 빨리 도착한다!' 이보다 더한 가성비가 어디 또 있겠나?

들어보세요
당신의 계소리

일곱 번째 소리

분해하면 별이 보여

7-1

미션 임파서블

I'm working on it!

영화 '미션 임파서블'의 톰 크루즈가 급박한 상황에서 입버릇처럼 내뱉는 대사다. 성공 가능성 0.01%. 상식적으로는 불가능에 가까운 일들을 기어코 해낸다. 달리는 열차 위를 달리고, 고층 빌딩 외벽을 맨몸으로 오르고, 심지어 비행기 바깥에 매달린 채 이륙하는 장면도 있었다. 보는 사람 입장에선 그저 흥미로운 액션이지만, 막상 톰 형 본인의 입장에서 생각해 보면 가히 미친 도전이 아닐 수 없다.

이 영화 속 톰 형은 나와 얼굴이 쌍둥이처럼 닮았다는 것, 정의롭고 인간성도 참 좋다는 것들 외에도 닮은 것이 하나 더 있다. 매번 말도 안 되는 상황에서도 멈추지 않고 계속 도전하고 시도하는 정신 말이다. 톰 형이 스크린 안에서 도저히 불가능해 보이는 일들을 해내는 것처럼, 나도 현실 속에서 하나의 '미션 임파서블'을 시도하는 중이다.

'믿게 만들어라! 일상의 소소한 경험을 서사로 풀어 보기 위해 **이야기의 구성 요소를 분해해 보는 연습이 엄청나게 큰 변화를 만들게 된다는 사실을 믿게 만들어라!'**

실천은 각자의 자유의지 문제니까 어찌할 수 없는 영역이겠지만, 적어도 '정말, 그런 세상이 있구나.'라고 믿게 만드는 것이 내가 선택한 자발적 미션이다. 좋아서 선택한 미션이지만, 솔직히 말하면 조금 두려운 것도 사실이다.

'과연, 할 수 있을까?'

이 미션은 얼핏 보면 그리 대단해 보이지 않을지도 모른다. 그냥 그런 세상이 있다고 말해 주고 알려 주면 모두 믿을 거라고 생각하면 그만일 수도 있다. 하지만 나는 현실을 꽤 잘 알고 있다. 이건 의외로 쉽지 않은 일이다. 생각에는 관성이 있기 때문이다. 그래서 사람들은 아무리 뻔한 사실이라도 낯설거나 평소 생각과 다르면 잘 받아들이지 않는다. 인간의 본성이다. 게다가 요즘은 다들 교육 수준이 높고 똑똑해서 일찍부터 귀를 닫아 버리는 시대다. 보고 싶은 것 위주로 보고, 믿고 싶은 것만 믿는 경향이 어느 때보다 뚜렷해지고 있다. 나는 그런 현실을 알면서도 도전한다. 아래의 대사를 외치면서 계속 미션을 수행할 것이다.

"하루에 하나만, 소소한 경험을 꺼내서 서사의 구성 요소로 분해해 보세요. 좋은 일이 생길 겁니다. 구성 요소로 분해한다는 말의 의미는 이렇습니다. 잘 들어보세요!
우선, 주인공은 누구였는지?
그리고, 방해 요소와 어떤 갈등이 있었는지?
거기에, 배경이 되는 시간과 장소는 어땠는지?
마지막으로, 그 일을 겪고 든 생각은 무엇인지?
예를 들어, 어제 친구랑 싸운 일이 있다면, 그때 나는 주인공이고, 친구가 방해자였고…, 뭐 이런 식이죠! 이건 복잡한 창작 훈련이 아니랍니다. 내 삶의 조각을 그저 한번 들여다보는 것뿐입니다! 그리고 그렇게 하루에 한 조각씩 꺼내서 분해하는 습관을 들이면, 길어도 한두 달 안에 스스로 체감할 수 있는 변화가 시작된다니까요! 꼭 해보세요!"

지속적으로 고래고래 외치다 보면, 언젠가는 잠깐 호기심을 느낀 훌륭한 분이 이렇게 물어보겠지?

"무슨 변화가 생기는데?"

그러면 나는 '드디어 입질이 왔다!' 하고 생각하면서, 잽싸게 이렇게 말할 거다.

"처음에는 생각이 정리되기 시작하고, 조금 지나면 말이 간결해지고, 조금 더 지나면 관계가 편안해지고, 어느 순간부터 주변 사람들에게 뭔가 변한 것 같다는 말을 듣기 시작할 거예요. 근데 이걸 아는 사람은 그렇게 많지 않아요. 다양한 분야에서 연구되고 활용되고는 있지만, 보통 사람들은 먹고살기도 바빠서 이런 개념이 있다는 것조차 모르거든요!"

그러면 그 괜찮고 훌륭한 분은 이렇게 말하겠지?

"이놈이 어디서 해괴한 약을 팔면서 내 소중한 시간을 낭비하게 만들라고 해!"

그래도 사회적 매너가 있는 더 괜찮고 더 훌륭한 분은 그런 속마음을 감추고 살짝 가식적인 미소를 지으면서 이렇게 말하겠지?

"오케이, 꼭 해볼게. 좋은 걸 알려줘서 고마워. 역시 정텔러가 최고!"

그러면 이슬처럼 맑고 순진한 나는 또 이렇게 생각하겠지?

'크크크, 오늘도 미션 임파서블 한 편 찍었군! 역시 나는 톰 형처럼 멋있는 놈이야!'

오늘도 자뻑의 행복을 즐기며, 먹고 있던 육개장 사발면을 내려놓고 외쳐 본다.

I'm working on it!

7-2

스쿼트

요즘 자주 가는 동네 헬스장은 저녁 8시만 되면 인구 밀도가 폭발한다. 가장 붐비는 곳은 단연코 각종 덤벨과 벤치가 모여 있는 '프리웨이트 존'이다. 다들 스마트폰을 거치대에 고이 모셔 두고, 저마다 가장 조명발 잘 받는 각도를 찾아 자기애 넘치는 사투를 벌인다. 주된 관심사는 누가 봐도 멋진 가슴 근육, 조각 같은 어깨, 그리고 반소매 밖으로 터질 듯한 이두근이다.

그들의 모습에서도 소통의 세계를 발견할 수 있다. 많은 사람들이 화려한 말솜씨, 재치 있는 한마디, 좌중을 압도하는 카리스마를 갈망한다. 헬스장 거울 앞에 보이는 '말처럼 매끄럽고 강인한 근육'처럼, 즉각적으로 타인의 감탄을 자아내는 기술들이다.

현실에서는 이런 근육형 휴먼들이 중요한 순간에 힘을 쓰지 못하는 경우가 꽤 있다. 상대의 아픔에 깊이 공감해야 할 때, 복잡한 상황을 꿰뚫고 상대의 말을 경청해야 할 때, 나의 주장을 잠시 내려놓고 상대를 배려해야 할 때, 의외로 쉽게 지쳐 버린다. 이유는 단순하다. 화려한 상체 근육에 비해, 정작 그 모든 것을 버티고 지지해야 할 코어와 하체가 약하기 때문이다.

상체 근육형 휴먼들의 북새통에서 조금만 고개를 돌리면, 구석에 웅크린 투박한 철제 구조물이 보인다. 그곳의 풍경은 사뭇 다르다. 화려한 조명 대신 쇳가루와 땀 냄새가 진동하고, 핸드폰 동영상 대신 정체 모를 앓는 소리가 울려 퍼진다. 무거운 바벨을 어깨에 짊어진 채, 금방이라도 주저앉을 것처럼 고통스러운 표정으로 앉았다 일어서기를 반복하는 사람들. 바로 스쿼트를 하는 사람들이다.

이제 스쿼트는 모르는 사람이 없는 '국민 운동'이 됐다. 스쿼트는 '납작하게 누르다(press flat)', '짓누르다(crush)'라는 의미의 고대 프랑스어 'esquatir'에서 유래했다고 한다. 단순히 앉는 동작이 아니라, '무게로 나 자신을 강하게 짓눌렀다가, 그 압력을 이겨내고 다시 일어서는' 행위. '압축과 저항'이야말로 스쿼트의 본질이라는 의미이다.

스쿼트의 엄청난 잠재력을 알아본 건 20세기 초의 몇몇 스트롱맨들이었다. 그들은 스쿼트가 다른 모든 힘의 원천이 되는 '코어'를 단련시킨다는 걸 간파했다. **당시에는 소수만 아는 '유사비밀'이었던 스쿼트는, 이후 보디빌딩의 황금기를 거치며 그 가치가 증명되었고, 이제는 누구나 아는 상식이 되었다.**

내가 '내 이야기'를 조각조각 살펴보는 연습을 '소통의 스쿼트'

라고 부르는 이유는, **생각의 코어를 단련하는 방식이 스쿼트의 원리와 정확히 일치하기 때문이다.** 화려한 말하기 기술을 배우기 전에, 이 지루한 훈련을 먼저 해야 하는 이유는 명확하다.

무거운 무게를 버티며 최대한 깊이 앉는다. '일상의 경험 분해' 역시 내 삶의 한 단면이 가진 무게를 온전히 느끼며 깊이 파고드는 과정이다. 엉뚱한 근육에 힘이 들어가지 않도록 자세와 균형을 잡아야 하듯, '분해' 과정에서는 나의 생각과 감정, 그리고 객관적 사실을 뒤섞지 않고 분리하는 균형 감각도 필요하다.

중력을 이겨 내고 다시 일어서는 순간 폭발적인 힘이 길러지는 것처럼, 나의 경험을 직시하는 정신적 압박감을 이겨 내고 그것을 객관적인 요소로 분해했을 때, 비로소 생각의 근력이 폭발적으로 성장한다.

주인공은 누구였는지, 그의 욕망은 무엇이었는지, 방해 요소는 또 무엇이었는지. 이 질문들을 던지며 쪼개 보는 단순한 반복이, 무너진 소통 자세를 바로잡는 가장 확실한 재활 훈련이다.

가끔 안타까울 때가 있다. 거울 앞에서 소통의 알통을 키우는 데 여념이 없는 이들에게 다가가, 화려한 말솜씨를 추구하기 전에 잠깐만 시간을 내어 이 지루한 '생각의 스쿼트'를 해보라고 알려주고 싶다. 단단한 코어 없이는 진정한 의미의 경청도, 공감도, 배려도 모래 위의 성과 같다고 말해 주고 싶다.

이것이 내가 스스로 부여한 '미션 임파서블'의 본질이다. 아무도 주목하지 않는 헬스장 구석에서, 가장 중요하지만 가장 지루한 훈련의 가치를 외치는 일. 오늘도 그 안타까운 마음을 담아, 소리 없이 그들을 향해 외쳐 본다.

"저기, 알통 운동도 폼 나고 좋지만 일단 그래도 스쿼트도 조금씩 해보시길!"

7-3

인사이드 아웃

미션 임파서블처럼 총과 폭탄, 결투가 나오지 않는 영화는 영화가 아니라고 생각하던 시절이 있었다. 언젠가부터 가끔은 잔잔하고 알콩달콩 분위기로 가득한 영화도 즐기게 되었는데, 나이와 호르몬의 변화 때문에 그러는 거라고 주변에서는 놀리기도 한다. 뭐, 상관없다. 취향은 조금씩 변하게 마련이니까. 그런 잔잔한 녀석들을 보다 보면 많은 생각을 하게 만드는 작품을 만나기도 하는데, 대표적인 작품 중 하나가 '인사이드 아웃'이다.

주인공은 '기쁨이', '슬픔이', '버럭이', '까칠이', '소심이'라는, 다섯 감정 캐릭터다. 이들이 '라일리'라는 11살 소녀의 머릿속에 있는 감정 컨트롤 본부에서, 거대한 제어판을 이리저리 만지며 라일리의 말과 행동을 조종한다는, 기발한 상상력을 세 바가지 정도 끼얹은 이야기다.

이야기의 중심엔 언제나 의욕 넘치는 대장, '기쁨이'가 있다. 기쁨이는 라일리의 모든 하루가 행복한 기억으로만 채워지도록 밤낮없이 노력한다. 그의 목표는 명확하다. 라일리의 삶을 완벽한 해피엔딩으로 이끄는 것. 대부분의 감정들도 기쁨이의 리더십에 잘 따라 준다. 버럭이는 부당한 일을 보면 대신 화를 내주고, 소심이는 위험으로부터 라일리를 지켜 주니까. 그런데 이 완벽한 행복을 자꾸만 망치는 골칫덩어리가 하나 있다. 바로 '슬픔이'이다.

슬픔이는 정말이지, 별 쓸모가 없어 보인다. 축구 경기에서 이겨서 한껏 신이 난 기억 구슬은 슬픔이가 손만 대면 순식간에 '졌으면 더 좋았을 텐데….' 같은 우울한 기억으로 변해 버린다. 시도 때도 없이 제어판에 손을 대려 하고, 틈만 나면 바닥에 드러누워 훌쩍거린다. 팀의 사기를 떨어뜨리는, 그야말로 '고문관'이다.

기쁨이의 가장 중요한 미션은, 어떻게든 이 슬픔이가 제어판에 접근하지 못하도록 막는 것이다. 우리의 주인공 라일리의 삶을 언제나 반짝이는 행복한 기억으로만 가득 채워야 하니까. 영화는 초반 내내, 이 쓸모없어 보이는 '슬픔이'를 어떻게든 격리시키려는 기쁨이의 눈물겨운 사투를 보여 준다. 나 역시 영화를 보는 내내 기쁨이를 응원했다.

"제발 저 녀석 좀 어떻게 해봐!"

하지만 영화는 전혀 예상치 못한 방식으로, 아주 근본적인 질문을 던지기 시작했다.

"슬픔은, 정말 쓸모없는 감정일까?"

영화의 결말에서, 주인공 라일리가 낯선 환경에 대한 두려움과 외로움을 부모님에게 솔직하게 고백하고, 가족의 따뜻한 위로를 받는 결정적인 순간을 만들어 내는 것은 다름 아닌 '슬픔이'이었다. 슬픔이가 제 역할을 다하고 나서야, 기쁨이는 비로소 더 깊고 풍부한 진짜 행복을 만들어 낼 수 있었다. 어쩌면 진짜 주인공은 슬픔이가 아니었을까?

내 일상에서 벌어지는 소소한 사건들도, '인사이드 아웃'처럼 주인공을 바꿔가며 여러 편의 단편 서사로 만들 수 있다. 예를 들어보자. 오늘 아침, 출근길에 겪었던 지옥의 만원 지하철. 이 경험을 가지고 단편 서사 두 편을 만들어 보는 거다. 우선 주인공과 악당을 정해야겠지.

〈서사 1. 제목 : 나의 출근 생존기〉

주인공 : 당연히 '나'다.
미션 : 이 끔찍한 인구 밀도 속에서 내 공간을 사수하고, 쾌적하게 출근하는 것.
방해자(악당) : 내 옆에 바짝 붙어 스마트폰을 보다가 지나가면서 나

를 팔꿈치로 툭툭 치는 저 '아저씨'. 그는 나의 쾌적한 출근을 방해하는 명백한 적이다.

이건 아주 익숙한 서사다. 우리는 평생 이런 초단편 영화를 찍으며 살아간다. 주인공은 언제나 나, 나를 불편하게 하는 모든 것은 방해자.

〈서사 2. 제목 : 어느 가장의 출근〉

이번 서사의 주인공은 나를 팔꿈치로 치던 바로 그 '아저씨'다.
미션 : 아마도 '지각하지 않고 회사에 도착해서, 부장님 잔소리 피하기'일 것이다.
방해자(악당) : 그의 입장에서는, 좁은 공간을 차지하고 서서 좀처럼 비켜주지 않는 '나'는 하나의 '장애물'이었을 것이다. 그는 그저 1분 1초가 급해서 길을 막고 서 있는 엑스트라 1을 팔꿈치로 살짝 밀쳤을 뿐이다.

이 유치한 '주인공 바꿔보기' 놀이를 하고 나면 어떤 대단한 깨달음이 오는 건 아니다. 갑자기 그 아저씨를 사랑하게 되거나, 내일 아침 그를 위해 자리를 맡아 줘야겠다는 성스러운 마음이 생기지도 않는다.

다만, 평소와는 조금 다른 경험을 하게 된다. **'짜증나는 아침'이라는, 의미 없던 하나의 경험 덩어리가, 두 편의 각기 다른 장르의 서사로 깔끔하게 창조되고 정리된다는 것이다.** 그냥 흘려

보냈을 내 경험에 '주인공'과 '방해자'가 생기고, '미션'과 '갈등'이라는 구조가 잡히기 시작한다.

내 경험을 서사로 풀어 보는 첫걸음은, 이렇게 주인공과 방해자를 정해 보고, 때로는 그 둘의 역할을 한번 슬쩍 바꿔 보는 단순한 놀이에서 시작된다는 것. 전문 작가가 될 게 아니라면, 이 정도의 '정신적 유희'만으로도 충분히 즐겁고, 일상을 바라보는 눈이 충분히 달라진다.

심심할 때 한 번씩 해보시길.

.

.

I'm working on it!

*저자의 인스타그램에서 서사칠성 워크시트를 만나 보세요.

@storyteller_jhs

7-4

내 라면 돌려줘

나는 자타가 공인하는 라면 광이다. 엄마가 일찍 돌아가신 후, 나의 청소년기는 라면으로 지탱되었다 해도 과언이 아니다. 가진 돈은 없고 배는 늘 고팠던 시절, 내게 허락된 거의 유일한 사치는 동전 몇 개로 누릴 수 있는 뜨끈한 국물과 쫄깃한 면발이었다. 당시 내 세상엔 라면 종류가 그리 많지 않았다. 안성탕면 아니면 삼양라면. 그 두 가지가 끼니의 거의 전부였다. 지금도 나는 마트의 라면 코너를 그냥 지나치지 못한다. 신제품이 나오면 반드시 먹어 봐야 직성이 풀리는, 아주 오래된 취미이자 삶의 즐거움이다. 라면을 너무 좋아해서 가족 마님들의 걱정이 이만저만이 아니다.

스무 해 전에 갑자기 세상을 떠난 동생 녀석과 함께한 어린 시절, 냄비 뚜껑을 앞접시 삼아 김이 모락모락 나는 라면을 나눠

먹던 날들이 여전히 생생하다. 라면은 그냥 음식이 아니었다. 서툰 솜씨로 차려낸 생존 기술이자, 세상에 둘만 남겨진 것 같던 우리 형제의 저녁 식사였다.

군대에서는 '황제의 음식'으로 격상됐다. 어쩌다 라면이 하나 생기면 선임들 몰래 건빵 주머니 안에 넣고 다니다가 기회를 엿본다. 어두운 밤, 경계 근무를 마치고 취침을 시작하기 전에 봉지 안에 스프를 넣어 흔들고 내무반 뒤에 쪼그리고 앉는다. 뜨거운 물을 붓고 밤 파도 소리를 몇 분 동안 감상하다 보면 '뽀글이'가 완성된다. 그것만으로도 감지덕지했던 쫄병 시절을 보내고 상병쯤 되면 비로소 냄비에 끓인, 운 좋으면 계란까지 하나 톡 풀어 넣은 '황제라면'을 맛볼 자격이 주어졌다. 그때의 라면은 지위이자 권력의 상징이었다.

제대 후에는 학비와 생활비를 벌기 위해 각종 노가다와 세일즈 현장을 뛰어다녔는데, 피곤한 몸을 이끌고 자취방에 돌아와 맛보는 라면은… 카아!

그 이후에도 쫄깃한 광어회의 유혹을 이기지 못하고 과음을 하거나, 마님들이 안 계실 때 몰래 집중적으로 끓여 먹었던, 혹은 지금도 먹고 있는 라면의 맛은 내 인생의 가장 소중한 친구 중 하나다.

그런데 언젠가부터, 그런 라면의 맛이 조금씩 밍밍해지기 시작했다. 분명 같은 물, 같은 조리법으로 끓였는데도 예전의 그 맛이 나질 않았다. 처음엔 혀가 중고가 되어 가니 미각 세포가 무뎌진 탓으로 생각했다. 진실은 몇 년 전 우연히, 정말 우연히 한 인터넷 기사를 통해 알게 됐다. 바로 'MSG'의 실종이었다. 언제부턴가 불어닥친 웰빙 열풍에 기업들이 굴복한 것이다. "MSG는 몸에 나쁜 화학조미료"라는 소비자들의 오해에 떠밀려 국내용 라면에서 MSG를 빼 버렸다고 한다.

정작 더 웃기는 건, 해외 어디로 수출하는 라면에는 지금도 MSG를 잘만 넣는다는 사실이다. 직접 확인한 건 아니지만, 어딘가에서 본 얘기로는 그쪽 소비자들은 MSG가 사탕수수에서 유래한 안전한 발효 조미료라는 걸 잘 알기 때문이란다. 다시 MSG를 넣어 주면 좋으련만, 한번 박힌 대중의 인식을 되돌리기는 어려운 모양이다. 참 아쉬운 일이다. 어흑.

자, 먹는 얘기만 계속 듣고 싶겠지만, 이제 다시 주제로 돌아가 보자.

서사에도 MSG가 필요하다. 밋밋한 일상의 경험담과 밍밍해진 라면 국물 사이에는 명백한 공통점이 있다. 바로 '감칠맛'의 부재다.

흔히 이야기를 맛있게 만들려면 화려한 미사여구나 작가적 재능이 필요하다고 생각한다. 맞는 말이다. 하지만 그건 고급 레스토랑의 값비싼 트러플 오일 같은 것이다. 그 이전에, 맹물 같은 이야기에 최소한의 맛을 내주는 기본 조미료가 빠지면 아무 소용이 없다.

내 경험담의 'MSG', 그 최소한의 기본 감칠맛은 바로 이 다섯 가지 질문에 대한 답이다.

언제? : 그 일이 일어난 시간적 배경.
(그날은 유난히 비가 많이 오는 여름밤이었다.)
어디서? : 사건이 벌어진 공간적 배경.
(온갖 잡동사니로 어지러웠던 나의 자취방.)
원했던 것? : 주인공인 내가 원했던 것.
(그저 따뜻한 국물로 허기를 달래고 싶었다.)
벌어진 일? : 그래서 구체적으로 무슨 일이 벌어졌나.
(동생이 마지막 남은 계란을 내 라면에 몰래 넣어 주었다.)
그래서, 뭐? : 그로 인한 결과와 나의 생각.
(그날 밤, 나는 세상에서 가장 맛있는 라면을 먹었다. 역시 라면은 비가 와도 맛있다.)

이 다섯 가지 요소가 바로, 단순한 '사실'을 한 편의 '이야기'로 만들어 주는 최소한의 국물 맛이다. 주인공과 방해자라는 건더기만 덩그러니 던져 놓고 "이게 내 이야기야."라고 말하면, 듣는 사람은 "그래서, 어쩌라고?"라는 생각밖에 들지 않게 된다. 하지만 이 기본 MSG가 더해지면, 이야기는 비로소 최소한 감칠맛을 내기 시작한다.

그건 그거고,
라면회사 선생님들, 내 라면 맛 돌려줘요!

7-5

별이 빛나는 밤에

지금도 젊지만 지금보다 조금 더 젊은 시절, 세상의 소음이 잠시 멎고 오직 나만의 작은 우주가 열리는 시간이 있었다. 책상 위 스탠드 불빛에 의지해, 낡은 라디오 주파수를 맞추려 다이얼과 씨름한다. 지지직거리는 잡음이 까만 밤의 적막을 가르다 보면, 어느 순간 약속처럼 맑고 청아한 시그널 음악이 흘러나온다. 곧이어, 이 세상 그 누구보다 나긋하고 다정한 목소리가 작은 방을 가득 채운다.

'별이 빛나는 밤에'

사람들은 그를 '별밤지기'라 불렀다. 이문세 아저씨의 목소리는, 혼자라고 느끼던 수많은 밤에 유일한 내 편이었고, 먼 세상과 나를 연결하는 거의 유일한 창구였다. 얼굴도 이름도 모르는 누군가의 시시콜콜한 사연이 엽서에 담겨 소개될 때면, 함께 웃고 울었다. 큰맘 먹고 신청한 노래가 혹시라도 나올까 조마조마했던 기억도 있는데… 에잇!

어쨌든 별밤지기가 들려주는 이야기가 온전히 내 것 같던 시절. 사람들은 라디오를 통해, 아주 평범한 사람들의 지극히 사적인 이야기도 밤하늘의 별처럼 빛날 수 있다는 걸 매일 밤 확인하곤 했다.

자신의 밤하늘에 별이 몇 개 없다고 믿는 사람들을 자주 만난다. 그들은 한결같이 말한다.

"제 인생은 평범하고, 그냥 별로… 특별한 건 없어요."

그들의 밤하늘에는 휘황찬란한 도시의 불빛이 가득하다. 직업, 아파트, 차의 배기량 같은 남들에게 잘 보이는 인공의 빛들. 그 빛이 너무 밝고 소란스러워서, 정작 자신의 하늘에 무엇이 떠 있는지 들여다볼 엄두조차 내지 못한다. 그럴 때마다 나는 그들에게 조금은 낭만적인 제안을 하나 건넨다.

"우리, 별 보러 가지 않을래요?"

물론 진짜 차를 몰고 어디론가 떠나자는 얘기는 아니다. 나도 엉뚱한 놈 선발 대회에 나가면 우승도 노려볼 수 있는 순수하고 맑은 영혼이지만, 그 정도로 정신 나간 놈은 아니다. 내가 말하는 '별을 보러 가는 여정'은, 시끄러운 도시의 불빛을 의식적으로 하나씩 꺼 나가는 작업, 즉 혼돈 속에 뭉그러져 있던 일상의 소소한 경험을 분해하는 과정을 의미한다.

어느 날 있었던 일의 주인공과 방해자를 정하고(네온사인 끄기), 때로는 상대의 입장이 되어 보고(아파트 불 끄기), 내 이야기의 기본 요소들을 점검하는(자동차 헤드라이트, 가로등 끄기) 것. 이 모든 것이 내 안의 소음을 잠재우고, 진짜 내 하늘을 마주하기 위한 준비 과정이다. 그리고 마침내, 모든 인공의 빛이 꺼진 고요한 어둠 속에 이르렀을 때, 그들은 거의 예외 없이 같은 반응을 보인다.

"와… 내 하늘에도 별이 꽤 있네요?"

그 순간 찾아오는 짜릿함이란 정말이지, 크….

이 말 외에는 내 어휘력으론 묘시가 잘 안되니까 나머진 각자의 상상에 맡긴다.

그들이 발견하는 것은 새로운 별이 아니다. 도시의 빛 공해에 가려져 보이지 않았을 뿐, 원래부터 그 자리에 빼곡히 떠 있던 삶의 별들이다. 잊고 있던 작은 성공의 기억, 아팠지만 단단한 교훈을 줬던 실패의 경험, 소중한 사람과 나눴던 시시콜콜한 대화의 온기, 혼자서 눈물 흘렸던 외로운 밤. 그 모든 빛나는 순간들이, 밤하늘의 은하수처럼 펼쳐져 있다는 것을 알게 된다.

그렇게 자기 하늘의 별빛을 만났을 때부터 자신의 삶에 대한 주도권이 조금씩 강해진다. '특별한 거 없다던 삶'이 그저 '별을 볼 기회를 만들지 않았던 삶'이라는 사실을 깨닫게 된다. **'분해'는 없던 별을 만드는 마법이 아니다. 이미 존재하는 나의 별들을 내 눈으로 직접 확인하게 해 주는, 가장 정직한 관측 도구일 뿐이다.**

나의 밤하늘은 어떤 모습인가?

혹시 다른 사람의 화려한 조명을 부러워하며, 자신의 하늘을 올려다볼 생각조차 잊고 지내고 있는 것은 아닌지. 만약 그렇다면 이제는, 나만의 하늘에 별빛을 하나둘씩 채워 봐도 좋지 않을까?

이문세는 너무 먼 별에 사는 양반이니까, 게소리 아저씨랑.

뒷담 소리 07

아! '횡설수설'의 밤은 왜 이리 추운가. 어제의 이불킥은 아직도 발끝을 시리게 하는데… 사람들은 빛나는 고속도로 위를 달리는데, 질퍽이는 흙길 위에 선 것만 같아. 저 빛나는 길은 재능 있는 자들만의 마법이라고, 자기를 돌쇠라 여기면서 말이야.

지나가는 선생님, 분해하세요. 일상의 경험을 분해하세요.

이걸 한 명한테라도 더 알려야 해. 그래서 믿게 해야 해. 나의 최후의 미션이야. 성냥 사… 아니, 분해 사세요. 아니, 하세요. 분해하세요. 일상을 분해하면 좋은 일이 벌어진답니다. 그것은 마법이 아니랍니다. 길을 만드는 기술을 몰랐을 뿐. 당신의 밤하늘의 별을 보지 못했을 뿐….

저 별들을 잇기만 하면, 당신만의 북극성을 찾을 수 있어. 바로 너만의 길을….

아! I'm working on it….

(성냥불이 스르르 꺼진다. 정텔러는 희미하게 미소 지으며 눈 속으로 쓰러진다.)

정텔러, 눈 오는데 문 앞에서 뭐 하고 있냐? 라면 다 끓였다. 빨리 들어와라.

여덟 번째 소리

나만의 별자리를 그려봐

8-1

이불킥은 영원해도

세상에는 셀 수 없이 많은 종류의 이불킥이 있다. 이불킥은 우리 삶의 아주 공평한 세금 같은 것이어서, 재산이나 외모, 학력과 지위 같은 것들과 상관없이 누구에게나 예고 없이 찾아온다. 같은 상황도 사람에 따라 그냥 툭툭 털어 버릴 해프닝이 되기도 하고, 1년짜리 악몽이 되기도 하지만, 그 순간만큼은 누구나 시간과 공간이 멈추는 듯한 아찔함을 경험한다.

가장 흔한 것은 가벼운 사회적 오작동의 순간들이다. 길 저편에서 누군가 반갑게 손을 흔드는 것 같아 세상 가장 밝은 미소와 함께 격하게 화답했는데, 사실 그 손짓의 주인이 내 뒤에 있던 그의 진짜 친구였음을 깨닫는 0.1초의 정적. 어색하게 내려가는 나의 손과 갈 곳을 잃은 동공. 그 순간만큼은 우주에 잠시 혼자 남겨진다.

내 의지와는 전혀 상관없이, 내 몸이 나를 배신하는 순간은 더 처절하다. 쥐 죽은 듯 조용한 회의실, 모두가 사장님의 말씀에 집중하고 있는데, 오직 내 뱃속만이 독립된 인격체처럼 지 멋대로 가스를 뿜어내며 장엄한 외침을 토해 낼 때. 가슴 설레는 데이트 도중 평탄한 보도블록 위에서 나 혼자 발이 꼬여 영화처럼 화려하게 바닥과 키스를 했을 때도 마찬가지다. 그 와중에도 아프지 않은 척, 원래부터 바닥의 무늬를 관찰할 생각이었다는 듯 태연하게 일어서는 처절한 연기력은, 그날 밤 이불 속에서 하이킥을 날리게 할 좋은 소재가 된다.

"내가 하고 싶었던 키스는 그 키스가 아녔단 말이다!!!!! 으아아아악!"

기술의 발전은 우리에게 새로운 형태의 재앙을 선물하기도 했다. 누군가에 대한 불평불만이 담긴 메시지를, 바로 그 당사자가 포함된 단체 채팅방에 보란 듯이 올렸다는 사실을 깨달았을 때. 빛의 속도로 메시지를 삭제해 보지만, 이미 그 메시지 옆의 '읽음' 숫자는 눈에 띄게 줄어 있다. 헤어진 연인의 SNS를 염탐하다 실수로 몇 년 전 게시물에 '좋아요'를 눌렀을 때도 이불킥 타임은 찾아온다.

다행인 것은, 이런 종류의 이불킥 대부분은 시간이라는 소독약 앞에 서서히 흐려진다는 점이다. 그 순간의 나는 세상의 주인공이지만, 다음 날이면 아무도 기억 못 하는 엑스트라 A가 된다. 나 역시 수많은 이불킥의 역사를 겪어 왔고, 앞으로도 겪을 것임을 안다. 그렇다. 이런 사소하고 인간적인 이불킥은, 어쩌면 영원할 수밖에 없다. 뭐, 이런 이불킥은 영원해도 괜찮다. 평생 안고 갈 나의 귀여운 역사 같은 거니까.

하지만 어떤 이불킥은 며칠이 지나도, 몇 달이 지나도 여전히 선명하다. 시간이 흘러도 흐려지지 않고, 오히려 더 또렷해져서 괴롭히는 것들이 있다. 그런 이불킥 앞에서는 "시간이 약"이라는 위로도 별 소용이 없다. 그건 넘어지거나 무언가를 쏟거나 누르는 것처럼 한순간에 끝나는 단발성 사고가 아니다. 나의 의도와는 정반대의 결과를 낳고, 관계와 기회에 지속적인 악영향을 미치며, 밤마다 나를 괴롭히는 진짜 악몽 같은 것.

바로 누구에게나 간혹 발생하는 횡설수설 사고가 만드는 이불킥이다. 이 이불킥은 표현력이 약하거나 말을 잘 못하는 사람의 전유물이 아니다. 주변을 둘러보면 평소에는 말이 청산유수인 사람들도 종종 이런 상황의 주인공이 된다. 20년 무시고 운전 실력을 가진 사람이라도, 갑자기 쏟아지는 폭우에 와이퍼가 고장 나거나 칠흑 같은 어둠 속에서 내비게이션이 먹통이 되는 상황을 만나면 길을 헤맬 수밖에 없는 것과 같다.

우리의 생각도 마찬가지다. 평소라면 명쾌하게 정리됐을 생각이, 긴장감이나 당황스러움, 억울함이나 분노라는 '안개'나 '폭우'를 만나면 방향을 잃고 만다. 이건 말하기 '능력'의 문제가 아니라, 인간이라면 누구나 겪게 되는 '상황'의 문제다. 그래서 사람들은 "말은 적게 할수록 좋다"는 소극적 방어 전략을 택했는지도 모른다. 횡설수설로 감점되느니, 차라리 침묵으로 기본 점수라도 유지하려는 생존 본능인 셈이다.

횡설수설의 진짜 무서움은 '말의 길이'에만 있지 않다. 그 본질은 '핵심의 부재'와 '논리의 실종'이다. 물론, 알맹이 없이 길고 장황하게 말하는 것이 대표적인 증상이다. 하지만 말은 짧게 하는데도, 문장과 문장 사이의 연결고리가 없어 듣는 사람의 머릿속에 물음표만 띄우게 만드는 것 역시 완벽한 횡설수설이다. 듣는 사람의 머릿속에 명확한 '그림'이나 '길'을 그려주지 못하는 모든 말이, 사실은 횡설수설의 범주에 들어간다.

횡설수설의 또 다른 무서움은, 그것이 '전염'된다는 점이다. 상대방의 말에 논리적인 뼈대가 없으면, 내 생각도 그 뼈대 없는 말을 따라 허공을 헤매기 시작한다. 중요한 회의에서 상사가 30분 동안 횡설수설하는 것을 듣고 나면, 회의가 끝난 뒤 내 머릿속도 뒤죽박죽이 되어 버리는 경험. 아마 한두 번쯤 있을 것이다. 상대방의 엉킨 실타래를 풀려고 애쓰다, 결국 내 실타래까지 엉망이 되어 버리는 셈이다.

횡설수설이 남기는 가장 아픈 상처는, 사실 다른 사람의 기억이 아니라 내 마음속에 새겨진다. 몇 번의 횡설수설은 "나는 왜 이렇게 말을 못 하지?"라는 가벼운 자책을 낳는다. 조그맣게 시작된 자책은 특정 상황이나 사람을 대하는 것에 대한 '자신감'을 잃게 만들고, 자신감이 없는 상태에서는 다시 횡설수설하기 쉬워진다.

이런 경험이 반복되면, 문제는 더 깊어진다. “나는 말을 그다지 잘하지 못하는 사람”이라는 생각이, “나는 부족한 사람”이라는 생각으로 번지며, 꽤 단단했던 ‘자존감’의 바닥을 서서히 좀먹기 시작한다. 결국, ‘자신감 하락’과 ‘자존감 훼손’이라는 굴레가 만들어져, 그 안에 자기를 가두어 버리는 악순환의 고리에 빠지는 경우도 흔하다.

이불킥은 영원히 이어질 수밖에 없어도 사람들과 어우러져 꿈을 꾸며 사는 이상, 횡설수설은 가능하면 멀리하는 것이 좋다. 이런 것도 괜찮다고 말해 주고 싶지만, 적어도 내가 겪어 본 세상은 횡설수설이라는 녀석에게만큼은 그다지 자비롭지 않다.

현장에서 닳고 닳은 지독한 현실주의자의 생각일 뿐인 건가?

8-2

한강 야경을 만난 돌쇠

지방 출장을 마치고 서울로 돌아오는 길은 대개 고단하다. 하루의 소음이 모두 빠져나간 차 안, 텅 빈 조수석을 친구 삼아 음악을 튼다. 계기판과 가로등 불빛에 의지해 한참을 달리다 보면, 어느 순간 눈앞이 환하게 열린다. 한강이다.

서울의 밤은 한강을 중심으로 펼쳐진다. 강변을 따라 늘어선 빌딩들은 저마다의 빛을 뽐내고, 수많은 자동차의 헤드라이트와 후미등은 붉고 흰 선이 되어 강물 위를 미끄러진다. 검은 도화지 위에 흩뿌려진 구슬처럼, 서울의 야경은 비현실적으로 아름답다. 특히 모든 것이 잠든 듯한 깊은 새벽 시간, 땅과 물의 경계가 모호해진 채 빛만 남은 이 길을 달릴 때면, 이곳이 현실이 아닌 것 같다는 생각도 든다.

이 길은 참 이상하다. 분명 아스팔트로 만들어진 단단한 길 위를 달리고 있는데, 마치 빛으로 만들어진 환상의 길을 건너는 듯한 기분을 선사한다. 이 길, 이 야경, 이 모든 시스템은 대체 누가 만든 걸까. 어둠 속에서 빛의 길을 내고, 풀만 무성했을 강변을 시속 100킬로미터로 달릴 수 있는 단단한 도로로 바꾼 사람들. 그들의 보이지 않는 노고와 축적된 기술이 고단한 귀갓길을 이토록 환상적인 드라이브 시간으로 만들어준 사람들. 일단 땡큐.

또 나답게 엉뚱한 상상을 해본다. 만약 500년 전 강변에서 짚신을 삼던 돌쇠가 타임슬립을 해서 내 차 앞에 뚝 떨어진다면 어떨까?

그의 밤 세상에서는 달빛과 별빛이 가장 밝은 빛이었을 것이다. 가장 빠른 이동 수단은 두 다리이거나 운이 좋아야 얻어 타는 소달구지 정도였을 테고, 그가 걷던 길은 비가 오면 질퍽거리는 흙길이었을 것이다. 그런 돌쇠의 눈앞에 지금의 한강 야경이 펼쳐진다면?

수만 개의 인공의 빛이 대낮처럼 밤을 밝히고, 쇠로 만든 괴물들이 굉음을 내며 종일 걸어도 못 갈 거리를 순식간에 스쳐 지나간다. 돌쇠는 무슨 생각을 할까?

'여기가 저승인가? 옥황상제가 사는 천상의 궁전인가? 아니면 끔찍한 지옥의 한가운데인가?'

아마 제대로 된 생각조차 하지 못할 가능성이 높다. 눈앞의 광경을 담아낼 만한 단어 자체가 그의 머릿속에 존재하지 않기 때문이다. 지금 우리에게는 너무나 당연한 이 모든 것들이, 돌쇠에게는 이해와 상상의 범주를 아득히 넘어선 '마법' 혹은 '재앙'일 뿐이다. 그에게는 이 모든 것이 기술의 결과가 아니라, 신의 권능이거나 혹은 악마의 장난처럼 보일 것이다.

어쩌면 이런저런 횡설수설로 마음고생을 해봤던 많은 이들의 마음이, 바로 저 돌쇠의 마음과 비슷하지 않을까?

주변을 둘러보면 유창하게 자기 생각을 펼치는 사람들이 있다. 회의 자리에서는 논리적으로 상대를 설득하고, 모임에서는 재치 있는 말로 분위기를 이끈다. 사람들은 그들을 보며 감탄하고, 때로는 질투한다.

'저 사람은 어쩜 저렇게 말을 잘할까? 타고났어, 타고났어. 저 놈은 물에 빠져도 둥둥 뜨는 주둥이 덕분에 죽지는 않을 거야.'

횡설수설의 늪에 빠져 이불을 차 본 사람들에게, 또는 이 꼴 저 꼴 보기 싫어서 그냥 입을 다물고 살기로 결심한 사람들에게, 아마 세상은 돌쇠가 바라보는 한강의 야경과 같을 수도 있다. 나에게는 없는 특별한 재능, 가닿을 수 없는 다른 세계의 일처럼 느껴질 수 있다는 얘기다. 내가 사는 곳은 비만 오면 질퍽거리는 흙길인데, 저들은 빛나는 고속도로 위를 달리는 것처럼 느껴진다. 감히 그 길을 만들 생각조차 하지 못한다. 그저 "나는 뭐… 말하는 걸 좋아하지 않아서…."라며 체념 아닌 체념을 선택하기도 한다.

하지만 단언컨대, 그것은 마법이 아니다. 유창함과 센스는 타고나는 권능이 아니라, 만들어지는 기술이다. 한강의 다리와 도로가 어느 날 갑자기 하늘에서 뚝 떨어진 것이 아니듯, 막힘없는 말의 길 역시 수많은 고민과 노하우, 즉 '설계'와 '건설 기술'의 결과물이다. 횡설수설의 가장 깊고 근본적인 원인은 재능의 부족이 아니다.

바로 '길을 만들 수 있다는 사실 자체를 몰랐던 것', 그리고 '길을 만드는 기술이 존재한다는 상상조차 해본 적 없었던 것'이다. 돌쇠가 아스팔트와 철근 콘크리트의 존재를 몰랐던 것처럼 말이다.

강변에서 짚신을 삼던 돌쇠에게, 그리고 횡설수설의 기억으로 이불킥을 날리던 사람들에게, 그 빛나는 길을 스스로 만들 수 있다는 걸 알려 주고 싶다. 그리고 말해 주고 싶다.

그 길은 결코 마법이 아니라고
그 빛나는 길을 걸을 수 있다고

누군가 제대로 된 설계도를 보여 준다면
직접 만들 수도 있다고

이미 가진 것만으로 충분하다고

.

.

.

믿거나 말거나

아, 사실인데 어떡하냐고.

8-3

희토류

RARE EARTH

얼마 전, 익숙한 뉴스가 또 헤드라인을 장식했다. 세계 희토류 생산량의 60% 이상을 차지하는 중국이, 특정 국가를 상대로 수출 제한 카드를 꺼내 들었다는 소식이었다. 관련 기업들의 주가가 요동쳤다. 당장이라도 스마트폰 생산이 멈추고, 전기차 공장이 문을 닫을 것처럼 시장이 술렁였다.

희토류(稀土類). 이름만 보면 그저 '희귀한 흙'에 불과하지만, 21세기를 움직이는 거의 모든 첨단 기술의 심장부에 들어가는 핵심 소재란다. 값비싼 전투기부터 우리 손에 들린 스마트폰까지, 희토류라는 ‘산업의 비타민’이 없으면 순식간에 값비싼 고철 덩어리로 전락하고 만다고 하는데, 기술을 모르는 나로서는 그저 신기하기만 하다.

그 뉴스 덕분에 내가 사랑하는 취미인 엉뚱한 상상에 또 빠져 본다. 만약 내일 아침, 대한민국 강원도 태백산맥 깊은 곳에서 세계 최대 규모의 희토류 광맥이 발견된다면?

아마 저녁 뉴스 헤드라인은 온통 그 소식으로 도배되고, 온 국민은 '이제 우리도 자원 부국의 꿈을 이뤘다.'라며 환호하게 될까? 가공하는 과정과 환경적 부작용이 만만치 않다고 하니 잘은 모르겠지만 어쨌든 좋은 쪽 상상만으로도 짜릿하긴 하다.

소통의 세상에 사는 우리에겐 이미 그 희토류가 있다. 그것도 특정인이 누리는 행운이 아니라, 이 땅에 사는 거의 모든 이들이 각자의 머릿속에 세계 최대 매장량을 자랑하는 수준으로. 그 희토류의 이름은 바로, 육하원칙(六何原則)과 기승전결(起承轉結)이다.

"웅? 그게 다야? 지금 허무 개그 중?"

아마 실망했을지도 모르겠다. 하지만 사실이다. **우리는 엄청난 가치를 지닌 자원을 묻어 두고 횡설수설의 늪에 빠져 허우적대고 있다. 이유는 간단하다. 이 자원들의 '가공법과 활용법'을 잘못 배웠기 때문이다.**

'기승전결'을 예로 들어보자. 이 녀석의 원래 고향은, '말하기'나 '논리적 글쓰기'가 아니다. 천 년도 더 전의 '한시(漢詩)', 즉 네 줄짜리 시인 '절구(絕句)'다. 시상을 일으키고(기), 발전시키고(승), 분위기를 전환시켰다가(전), 여운을 남기며 마무리하는(결), 지극히 서정적인 '예술 형식'인 것이다. 특히 시의 백미인

'전(轉)'은, 논리적인 말하기에서는 오히려 '주제에서 벗어나기'가 되기 십상이다. 천 년 전 시인들이 쓰던 붓으로, 비즈니스 보고서를 쓰려고 애쓰고 있었던 셈이다.

'육하원칙'도 마찬가지다. 이것은 '객관적 사실'을 빠짐없이 전달하기 위해 만들어진, 아주 훌륭한 '취재 도구'다. 하지만 여기에는 '감정'과 '흐름'이 빠져 있다. 육하원칙은 잘 조립된 자동차가 아니라, 바닥에 늘어놓은 '부품 목록'에 가깝다. 이 목록만 읊는다고 해서 자동차가 굴러가지는 않는다.

그렇다면 소위 말 잘하는 사람들은 이런 기본 원칙을 무시하는 걸까? 그렇지 않다. 그들은 우리와 똑같은 원석을 쓴다. 다만, 그 원석을 그대로 쓰는 게 아니라, 원석에 담긴 '핵심 원리'만을 추출해 자신만의 방식으로 실시간 가공할 뿐이다. '이야기에는 시작과 끝, 그리고 전환이 필요하다.'라는 기승전결의 원리를, '상황을 전달하려면 기본 정보가 필요하다.'라는 육하원칙의 원리를, 소통 상황에 맞게 본능적으로 '가공'해서 쓰는 것이다.

다시 희토류 이야기로 돌아가 보자. 강원도에서 막 캐낸 희토류 원석 한 트럭은, 그저 시커멓고 볼품없는 흙덩어리일 뿐이다. 이 원석은 수많은 '정제 과정'을 거쳐야만 비로소 '산업의 비타민'으로 다시 태어난다. 자기 소리를 내는 것을 망설이는 사람들을 볼 때마다, 바로 이 '정제 기술'의 부재를 떠올린다. 그들의 머릿속에 '생각'이라는 자원이 부족한 경우는 거의 없다. 오히려 그들의 머릿속은 제대로 된 정제소 하나 없이, 캐내기만 한 원석들로 가득 찬 광산과 같다.

횡설수설의 위험 지대에서 벗어나는 길은 멀지 않다. 더 특별하고 새로운 지식을 찾아 밖으로 헤매는 것이 아니라, 오히려 내 안으로 돌아와, 이미 존재하지만 정확한 사용법을 몰라서 방치해 두었던 가장 기본적이고 강력한 자원을 다시 들여다보는 것이다.

한시를 짓던 낡은 틀이라며 배척하고 버리자는 게 아니다. 그 안에 담긴 '이야기의 원리'라는 귀한 원석은 존중하되, 그것을 21세기 현실과 나의 상황에 맞게 갈고닦는, 나만의 '정제 기술'을 익히자는 말이다.

수십 년간 교과서의 추억에서 잠자고 있던 그 원석들을 꺼내서 잘, 밤하늘 별빛을 조명 삼아 아주 잘! 가공해 보자.

8-4

서사칠성(敍事七星)

북반구의 밤하늘에서 가장 쉽게 식별 가능한 성군(asterism) 중 하나인 '북두칠성'은, 큰곰자리(Ursa Major)의 일부를 구성하는 7개의 밝은 별이다. 이 동일한 별의 집합을 두고, 동양과 서양은 각기 다른 신화적, 철학적 체계를 발전시켜 왔다.

동양, 특히 고대 중국의 도교 사상에 기반을 둔 관점에서 북두칠성(北斗七星)은 '북쪽의 국자 모양을 한 일곱 별'이라는 의미를 가진다. 이 별들은 단순한 천체가 아니라, 인간의 수명, 재물, 길흉화복 등 운명 전반에 적극적으로 개입하는 '능동적 관리자'로 인식되었다. 각각의 별은 고유한 역할을 부여받은 '우주의 공무원'과 같았고, 사람들은 그 움직임을 통해 하늘의 질서를 읽고 자신의 삶이 나아갈 방향에 대한 힌트를 얻고자 했다.

한편, 고대 그리스 로마 신화에 뿌리를 둔 서양의 관점에서 북두칠성은 '큰곰자리'의 일부로서, 비극적 사건의 '수동적 기념비'

에 가깝다. 제우스의 사랑과 아내 헤라의 질투로 인해 곰이 되어 버린 요정 칼리스토의 이야기를 담고 있기 때문이다. 여기서 북두칠성은 인간의 운명을 관장하는 힘을 가진 존재가 아니라, 신들의 과거사를 영원히 기억하기 위해 하늘에 남겨진 하나의 서사로 존재한다.

동양에서는 '미래를 향한 나침반'으로, 서양에서는 '과거를 기록한 양피지'로 여겨졌지만, 이처럼 다른 두 관점에도 변하지 않는 공통의 역할이 하나 있었다. 바로 '길잡이'로서의 역할이다.

정확히 말하면, 북두칠성 자체가 최종 길잡이는 아니다. 북두칠성은 '길잡이를 찾아주는 길잡이'다. 국자의 끝부분에 있는 두 개의 별을 이어 그 거리의 5배쯤 연장하면, 그 끝에는 거의 움직이지 않는 붙박이 길잡이 별, '북극성(Polaris)'이 있다.

어두운 밤바다를 항해하던 뱃사람이든, 광활한 사막을 건너던 상인이든, 그들은 모두 북두칠성을 이용해 불변의 기준점인 북극성을 찾았고, 그것을 통해 자신의 현재 위치와 나아갈 방향을 알 수 있었다.

이 오래된 항해의 노하우는 비단 밤바다를 항해하는 뱃사람에게만 필요한 것은 아니다. 우리에겐 더 절실한 길잡이가 필요할 수도 있다. 바로, 내 마음속 뒤죽박죽 엉켜 있는 경험의 바다를 항해할 때다. 수많은 생각과 감정의 파도 속에서, 내 이야기의 '북극성(핵심)'은 무엇인지, 나는 지금 어디쯤 표류하고 있는지, 도무지 알 수 없을 때가 많다.

밤하늘의 북두칠성처럼, 우리의 흩어진 경험 속에서도 '길잡이 별'을 찾아낼 수 있는 방법이 있지 않을까? 수많은 경험의 별들 중에서, 내 이야기의 북극성을 찾아낼 수 있도록 돕는 일곱 개의 별. 나는 그 별자리에 '서사칠성(敍事七星)'이라는 이름을 붙였다.

육하원칙과 기승전결 공식으로 일상의 경험을 서사로 구성해 보라고 하면 어찌어찌 해낼 수는 있다. 그러나 구성된 이야기를 실제 삶에서 활용하는 일은 현실적으로 불가능에 가깝다.

'서사칠성'은, 당신의 평범한 일상 속에 숨어 있는 이 드라마의 뼈대를 쉽게 잡을 수 있도록 설계된 '7개 질문의 별'이다.

쉽고, 강력하며, 재미있는 방식으로 가공한 7단계, 서사칠성 공식으로 접근하면 효용성이 극적으로 높아진다. 일상에서 '주인공(나)'과 '방해자'가 명확한 이야기를 소재로 선택하는 연습부터 시작할 수 있는데, 이 점이 아주 중요하다.

왜냐하면, 이 '대결 구도'는 인류가 수천 년간 즐겨온, 우리에게 가장 익숙하고 본능적인 이야기의 형태이기 때문이다. 이 명확한 구조를 통해, 우리는 '서사칠성'이나 '마음소리' 같은 도구들을 가장 쉽게 익히고, 일상의 경험을 전략적 자산으로 쌓아 갈 수 있다. 추상적이고 사색적인 경험을 다루는 것은, 이 과정을 통해 서사의 코어 근육을 충분히 키운 후, 다음 단계에서 천천히 도전해도 전혀 문제가 없다. 지금은 우선, 특정 상황에서 나를 괴롭혔던 '방해자'가 있던 경험을 떠올려 보자. 그렇게 떠올린 소소한 경험으로 첫 번째 뼈대를 만들면 된다.

우리의 친구 외계인 찰스의 경험을 예시로 보면서 알아보자. 찰스는 아래와 같은 순서로 일상의 경험을 7개의 별로 만들었다.

첫 번째 별 - 일성(一星) : 무엇에 대한 이야기인가?

"내가 또 친구 밥값을 다 내준 사건."

(이야기의 핵심 사건을 한 문장으로 정의한다.)

두 번째 별 - 이성(二星) : 뭐가 문제였는가?

(방해자는 누구/무엇인가?)

"돌쇠와 그의 상습적인 밥값 회피 행동."

(나의 소망을 가로막은 명확한 '문제'이자 '방해자'를 특정한다.)

세 번째 별 - 삼성(三星) : 그때 상황이 어땠는가?

"돌쇠가 먼저 '치맥 타임'을 제안해서 만난 자리였음."

(상황이 벌어진 시간적, 공간적, 심리적 배경을 설정한다.)

네 번째 별 - 사성(四星) : 구체적으로 무슨 일이 일어났는가?

"즐겁게 식사를 마친 후 계산서가 나왔고, 돌쇠는 중요한 전화가 왔다며 밖으로 나가 한참 동안 돌아오지 않았음."

(갈등이 표면으로 드러난 구체적인 행동이나 사건을 기술한다.)

다섯 번째 별 - 오성(五星) : 예상과 달라진 점은?

(전환점은 무엇인가?)

“나는 적어도 오늘은 그가 계산할 것이라고 예상했지만, 또다시 나 혼자 모든 금액을 계산하게 됨.”

(나의 예상이나 이야기의 흐름이 바뀐 결정적 순간, 즉 '반전'을 찾는다.)

여섯 번째 별 - 육성(六星) : 어떻게 마무리됐는가?

“잠시 후 돌아온 돌쇠는 ‘아, 계산했어? 고마워! 다음엔 내가 살게!’라며 천진난만하게 말함.”

(사건의 표면적인 결과를 서술한다.)

일곱 번째 별 - 칠성(七星) : 그래서 무엇을 느끼거나 깨달았는가?

“돌쇠는 지구인들이 말하는 ‘밥값 빌런’이라는 것을 깨달았다.”

(이 경험에서 내가 느낀 것, 즉 이야기의 ‘대표 핵심 메시지’를 정의한다.)

이렇게 7개의 별(사실)을 모두 찾았다면, 이제 이 점들을 순서대로 이어 하나의 ‘선’으로 만들 차례다. 감정이나 묘사를 더하기 전, 오직 사실만을 연결한, 이야기의 가장 기본적인 뼈대 별자리가 된다.

[제목 : 밥값 빌런 돌쇠 사건]

"돌쇠가 먼저 '치맥이나 한잔하자.'라고 해서 만났다.
즐겁게 식사를 마친 후 계산서가 나오자, 돌쇠는 갑자기 중요한 전화가 왔다며 밖으로 나가서 한참 동안 돌아오지 않았다.
나는 적어도 오늘은 돌쇠가 계산할 것이라고 예상했지만 결국 또다시 나 혼자 모든 값을 계산했다.
잠시 후 돌아온 돌쇠는 '다음엔 내가 꼭 살게!'라고 말했다.
이 경험을 통해 나는, 돌쇠가 바로 '밥값 빌런'이라는 사실을 알게 되었다."

얼핏 보면 초등학생의 일기처럼 보인다. 처음에는 그렇게 접근하는 것이 좋다. 별의 순서만 지키면 된다. '돌쇠 때문에 기분 나빴던 일' 정도로 뭉뚱그려졌던 감정의 덩어리가, 이제 '주인공'과 '방해자'가 명확한 한 편의 서사 구조로 재구성되었다. 아직 살은 하나도 붙이지 않은, 앙상한 뼈대일 뿐이지만, 이것만으로도 뒤죽박죽 엉망이었던 경험의 실타래를 푸는 첫 단추를 채운 셈이다. 이것이 바로, 앞으로 만들어갈 모든 마음소리의 출발점이 된다.

'잉? 끝이야?'

너무 간단해서 분노와 허무함이 크게 밀려오기 전에, 잽싸게 다음 이야기로 넘어가 보시길.

*저자의 인스타그램에서 서사칠성 워크시트를 만나 보세요.

@storyteller_jhs

8-5

싸움의 고수

싸움의 고수는 등을 보이지 않는다
여럿과 싸울 땐 특히 더하다

한 놈 잡고
다음 놈 잡고
또 다음 놈 잡고

나의 횡설수설
너의 횡설수설

한 놈씩, 한 놈씩

소재로 선택한 경험의 구성 요소를 7가지로 분리하고 서사의 기본 흐름을 만드는 연습의 위력은 강력하다. 이 연습만 반복해도 짧은 시간 내에 변화를 체감할 수 있다. 사람마다 기간의 차이는 있겠지만, 결과에 예외는 없다.

이제 내가 하고 싶은 말을 하면서 원하는 반응을 얻어내는 '전략적 말소리'에 관한 이야기를 앞두고 있다. **평소 횡설수설로 인한 이불킥을 자주 하시는 분들이나, 남의 횡설수설 때문에 힘들어해 본 경험이 있는 분들은 여기서 멈추고 반복 연습을 권한다.**

일상의 다양한 경험을 소재로 하여 '서사칠성'을 그려보는 습관을 만드는 것, 그것만으로도 충분하다. 그렇게 뼈대와 흐름이라는 암묵지가 만들어지면 거짓말처럼, 정말 거짓말처럼 어지간한 상황에서는 생각과 말이 꼬이지 않는 경험을 하게 될 것이다.

지금도 크게 문제는 없지만 더 유려한 말소리가 드나들 수 있는 '마음소릿길'을 내고 싶다면, 내 소리 찾기 여정을 계속 이어가 보자.

뒷담 소리 08

정텔러, 돌쇠 때문에 계속 화가 나는데 이걸 다른 지구인들한테 설명만 하려면 횡설수설이다! '그놈이 치킨 먹자고 해 놓고는 전화를 받으러 나가더니….' 막 뒤죽박죽 말이 꼬인다. 머릿속에는 별처럼 할 말이 많은데, 왜 입만 열면 시커먼 밤하늘처럼 캄캄해지는 거냐? 지구 말이 어려운 거냐? 답답해서 밤새 이불킥만 했다!

찰스, 네 머릿속엔 이미 수많은 경험과 생각의 별이 떠 있어. 다만 그 별들을 이어서 흐름이 있는 이야기라는 별자리를 만드는 방법을 모르고 있는 거뿐이야. 너의 그 횡설수설 속에, 이미 '서사칠성'의 일곱 개 별이 다 들어 있거든. 그 7개의 별들을 순서대로 연결하기만 하면 되는 거야. 내가 알려준 순서대로 꼭 연습해 봐. 답답했던 밤하늘에 '밥값 빌런 돌쇠 이야기'라는 선명한 북두칠성이 떠오를 거니까. 간단하게 길을 찾는 기술이지.

4부

여행 준비물 다섯 개

아홉 번째 소리. 너와 나의 두 가지

열 번째 소리. 세 개의 궁합

들어보세요
당신의 게소리

아홉 번째 소리

너와 나의 두 가지

9-1

가면무도회

베네치아 카니발의 정확한 기원에 대해서는 역사학자들도 의견이 분분하지만, 12세기경부터 시작된 이 축제가 인류 최초의 '공인된 사기 치기'였다는 건 분명하다. 어두운 운하와 미로 같은 골목길에서, 사순절을 앞둔 특별한 기간 동안 온 도시가 거대한 코스프레 파티장으로 변한다.

가면 하나로 이런 기적이 가능하다니! 평소 "예, 나리"만 연발하던 하인이 귀족에게 "오늘 가발 좀 어색한데요?"라고 태연히 말하고, 수녀가 뱃사공과 탱고를 추는 광경. 이 시간만큼은 베네치아 공화국의 철벽같은 계급사회에서 잠시 허용된 '공식적인 무정부상태'였다. 가면만 쓰면 신분도, 나이도, 성별도 무관했다. 완벽한 익명의 자유 시간. 물론 파티가 끝나면 다시 현실로 돌아가야 한다는 조건부였긴 하지만.

이 '자유'에는 부작용도 있었다. 익명성은 때로 "어차피 누군지 모르니까."하는 무책임으로 이어졌고, 해방감은 종종 도가 지나친 방탕으로 발전했다. 18세기 후반 나폴레옹이 베네치아 카니발을 금지한 건 정치적 이유도 있었지만, "이 사람들 너무 놀아서 나라 꼴이 뭐냐."라는 현실적 우려도 컸다고 한다.

이 재미있는 놀이가 어떻게 프랑스로 전해졌는지는 정확히 알 수 없지만, 베르사유 궁전에 도착한 가면무도회는 완전히 다른 게임이 되었다. 프랑스 왕실에서 가면은 더 이상 "평등한 익명성"의 도구가 아니었다. 대신 "나 이런 고급 캐릭터야."를 과시하는 명품 액세서리가 되었다. 아폴론으로 분장한 왕, 비너스 코스프레를 한 왕비, 그리스 신화 캐릭터들로 가득한 연회장. 이건 가면무도회라기보다 고급 역할극 파티였다. 사람들은 가면 뒤에서 복잡한 궁정 정치를 펼치고, 전략적 매력을 발산하고, 은밀한 거래를 성사시키는 프로 수준의 연기를 해야 했다.

이 오래된 놀이의 본질을 보면, 현대인들의 일상과 묘하게 겹치는 부분이 있다. 인간의 본성이라는 게 참 일관되긴 한 것 같다. 한번 살펴보자.

현대인들은 '직업용 가면'을 쓰고 일터로 향한다. 자의건 타의건 잠시 쉬고 계신 분들께는 양해 말씀을 드린다. 아무튼 김 부장, 박 대표, 이 대리… 이 타이틀들은 현대판 가면이다. 가면을 쓰는 순간 마법이 일어난다. 말투는 갑자기 품격이 넘치고, 표정은 프로페셔널해지고, 행동은 정돈된다.

베네치아 가면무도회처럼 현대 조직에도 절대 규칙이 있다.

가장 큰 금기는 남의 가면을 갑자기 벗기려 드는 것이다. "부장님, 어제 야근하실 때 치맥이랑 게임 하셨죠?"라고 회의 중에 말하는 순간, 무도회의 음악이 멈춘다. 모든 시선이 집중되고, 분위기는 급냉각. "눈치 없다."라고 부르는 순간의 극단적 사례다.

현대의 가면은 베네치아 카니발처럼 해방감을 주지는 않는다. 오히려 반대다. **베네치아에서는 가면을 써야 자유로워졌는데, 우리는 가면을 써야 더 조심스러워진다.** "진짜 나"를 숨기고 "기대되는 나"를 연기해야 하는 압박감에 상시 노출된다. 역할과 개인 사이의 괴리에서 오는 "이게 진짜 나인가?" 하는 실존적 고민은 보너스다.

아이러니하게도 이 가면들은 현대 사회가 돌아가기 위한 필수 도구다. 예측 가능한 역할 수행은 신뢰를 만들고, 전문성이라는 가면은 개인의 능력을 사회적으로 인증해 준다. 만약 모든 의사가 "오늘 컨디션 별로라 진료 대충 할게요."라고 말한다면? 상상만 해도 별로다.

현대의 사회생활은 각자 다른 목적을 가진 사람들이 여러 가면을 번갈아 쓰며 벌이는 거대한 즉흥극이다. 누구는 승진을 위해, 누구는 인정받기 위해, 누구는 그저 무사히 하루를 넘기기 위해 열심히 연기한다.

베네치아 카니발은 1년에 겨우 며칠이었지만, 현대 사회라는 가면무도회는 거의 연중무휴다. 우리는 매일 하루를 시작할 때 가면을 쓰고 하루를 끝낼 때가 돼서야 가면을 벗는다. 때로는 가면이 편하고, 때로는 숨이 막힌다. 가끔은 가면과 얼굴이 붙은 건 아닌지 걱정도 된다.

완전히 거부할 수도, 전적으로 받아들일 수도 없는 이 아이러니한 게임 속에서, 우리는 가면과 진짜 얼굴 사이의 적절한 균형점을 찾아가며 살아간다. 그렇게 사회라는 거대한 무대에서는 오늘도 각자의 가면을 쓴 배우들이 저마다의 목적을 위해 춤을 추고 퇴장하기를 반복한다. 화려하고도 우스꽝스럽고, 진지하고도 코믹한 이 영원한 연극 속에서 말이다.

진짜 재미있는 것은 따로 있다. 나의 가면은 그대로 쓴 상태에서 나의 주변인들은 가면을 벗고 나를 대해 주기를 소망하는 사람들이 꽤 많다는 현실이다. 가면을 벗고 누워서 해보는 그냥 내 생각이다.

9-2

손자는 왜

아마 손자병법만큼 동서고금에 걸쳐서 사랑받는 전략서는 더 이상 나오지 않을 것 같다. 2,500년 전 중국의 낡은 죽간에 쓰인 이 짧은 책에, 고대의 장군 조조와 근대의 황제 나폴레옹은 물론이고, 현대의 경영자 빌 게이츠와 손정의, 심지어 각종 스포츠 감독들까지 열광한다. 대체 무슨 마력이 있는 걸까.

이 책은 한가로운 서재에서 탄생한 철학서가 아니다. 여러 나라가 서로를 잡아먹기 위해 매일 같이 전쟁을 벌이던 춘추전국시대, 피비린내 향이 곧 공기의 향이었던 혼돈 속에서 탄생한 '생존 매뉴얼'이다.

그래서일까? 손자병법의 핵심은 '잘 싸우는 법'이 아니다. '싸우지 않고 이기는 법(不戰而勝)'이 최선이라 말한다. 최소의 손실로 최대의 이익을 얻는 것, 그것이 전략의 본질임을 분명히 한다. 전쟁을 피할 수 없다면, 이겨 놓고 싸우라고 말한다. 손자병법이 오늘날까지도 경영, 외교, 스포츠 등 모든 분야에서 필독서로 꼽히는 이유는 여기에 있다. 단순히 창과 칼로 싸우는 기술이 아니라, 상황의 판을 읽고, 인간의 심리를 꿰뚫고, 나의 강점과 상대의 틈을 파고들어 원하는 것을 얻어내는 가장 효율적인 방법에 대한 통찰을 담고 있기 때문이다. 2,500년 전 전쟁터의 생존 원리가 오늘날 우리의 일상에도 여전히 유효하다는 것, 조금은 소름 돋는 사실이다.

나도 손자병법 애독자 중 한 명이다. 처음 이 책을 집어 든 게 서른 살 남짓이었으니, 벌써 20년이 훌쩍 넘어 버렸다. 그때 샀던 낡은 책은 지금도 책장 한쪽에 꽂혀 있는데, 가끔 꺼내 먼지를 털고 읽어 볼 때마다 새로운 문장이 눈에 들어온다. 오래전 밑줄 그었던 곳, 모서리를 접었던 곳, 그리고 50을 넘어 다시 보이는 곳이 모두 새롭다.

‘지피지기 백전불태(知彼知己 百戰不殆)’

적을 알고 나를 알면, 백 번 싸워도 위태롭지 않다는 뜻이다. 손자병법을 통틀어 가장 유명한 문장이고 거의 국민 교양 같은 문구다. 나 역시 오랫동안 이 말을 당연하게 받아들였다. ‘아는 것’의 중요함, 특히 ‘나와 너’ 양쪽을 모두 알아야 한다는 균형 잡힌 지혜에 감탄하면서 말이다. 그런데 어느 순간부터 엉뚱한 의문이 생기기 시작했다.

손자는 왜 지피를 먼저 말했을까? 이 2,500년 전의 깐깐한 전략가는, 다짜고짜 '상대'부터 알라고 한다. 내가 뭘 가졌는지, 내가 뭘 할 수 있는지 파악하기도 전에, 일단 적부터 뜯어보라고 등을 떠민다. 보통은 '나'를 아는 것이 모든 것의 시작이라고 하는데 말이다. 소크라테스도 '너 자신을 알라'고 했고, 대다수의 자기계발서 첫 장은 '나는 누구인가'로 시작한다. 나를 먼저 알고, 나의 강점과 약점을 파악하고, 그 기준 위에서 상대를 분석하는 것이 순리 아닌가? 그게 훨씬 안정적이고 논리적으로 들리는데 말이다.

혹시 나만 그런가? 나를 알고 적을 아는 것도 나쁘지 않을 것 같은데, 그 양반은 왜? 도대체 왜? 흠….

현장에서 뒹굴며 알게 된 한 가지 확실한 것은, 적어도 '내가 원하는 관계를 만들고 원하는 것을 이루는 능동적 소통'에서는 '지피'가 먼저라는 말이 맞다는 것이다. 경청, 공감, 배려 같은 소통의 대표적인 기술은 모두 상대를 알아야만 더 살할 수 있는 것들이다. **모든 소통의 '목표'와 '난이도'는 내가 아니라 상대가 정하는 것이 현실이기 때문이다. 내가 아무리 멋진 열쇠를 준비해도, 상대라는 자물쇠의 모양을 모르면 그저 쇳소리를 내는 고철일 뿐이다.**

어쩌면 손자가 '지피'를 먼저 말한 것은 인간의 본성을 지긋지긋할 정도로 꿰뚫고 있었기 때문일지도 모른다. 사람들은 본능적으로 '나'에 대해서는 이미 충분히 안다고 착각한다. 내 생각, 내 감정, 내 욕구에 대해서는 너무 익숙해서 객관화하기 어렵다. 반면 상대방은 늘 미지의 영역이다. 그래서 의식적으로 노력하지 않으면 영영 알 수 없는 존재로 남는다.

결국 '지피'는 단순한 정보 수집의 문제가 아니다. 나라는 울타리를 벗어나 상대방의 세계로 한 걸음 다가가는 뻔뻔함의 문제다. 내 관점에서 벗어나 상대방의 눈으로 세상을 바라보려는 지적인 겸손함의 문제다. 무엇보다, 대부분의 보통 사람들은 관심을 두지 않는 '전략적 관점'의 출발점이다.

모두가 가면을 쓰고 살아가는 거대한 무대 위의 삶. 우리, 순진하게 살면서 자꾸 눈물 흘리지 말고, 기왕 하는 사회생활이니 손자 같은 똑똑한 양반 말 한번 믿어 보고 전략적으로 살아 보는 건 어떨까?

9-3

아무거나

점심시간이 되면 식당가에서 흔하게 펼쳐지는 풍경이 있다. 누군가가 묻는다.

"뭐 먹을까?"

가장 흔하게 들을 수 있고, 심지어 메뉴 이름으로도 등극한 국민 대답이 있다.

"아무거나."

별생각 없이 하는 말 같지만, 이 짧은 한마디에는 우리 사회의 소통 방식, 개인의 심리, 그리고 관계 속 역할 등 다양한 의미가 담겨 있다. 과연 정말로 '아무거나'일까?

이 표현은 겉으로 보기엔 굉장히 '쿨'하다. 자신이 까다롭지 않다는 메시지를 전하면서도, 상대에게 선택권을 넘겨주는 듯한 배려심 있는 말처럼 보인다. 어떤 상황이든 무던하게 적응할 수 있는 융통성 있는 사람으로 보이기도 한다. 특히 한국 사회처럼 집단의 조화와 예의를 중시하는 문화에서 '아무거나'는 무리를 만들지 않는 안전한 선택지처럼 보인다.

그러나 조금만 비틀어서 살펴보면, '아무거나'라는 말은 때로는 자신을 향한 무관심, 혹은 방임의 언어일 수 있다. 이는 자기 감정과 욕구를 명확히 인식하고 표현하는 데서 도망치는 일종의 습관화된 회피일 수 있다. **자신이 무엇을 원하는지조차 묻지 않고, 생각하지 않고, 말하지 않는 '내 마음의 주인'으로서의 자리를 스스로 비워 두는 것이다.**

이런 태도가 오랫동안 반복되면 어떤 일이 일어날까? 처음에는 단지 귀찮아서, 혹은 상대를 배려하고 싶어서 '아무거나'를 말했을지 몰라도, 그것이 반복되다 보면 '나는 무엇을 원하는 사람인가?'에 대한 감각 자체가 흐려지게 된다. 어느 순간부터는 선택 앞에서 주저하게 되고, 결정에 필요한 심리적 에너지를 감당하지 못한다. 결국 다양한 상황에서 만나게 되는 작은 선택도 남에게 넘기는 것이 일상이 되어 버린다.

물론 모든 선택이 쉬운 것만은 아니다. 밥 메뉴 하나 고르는 데도 에너지가 소모되는 것이 현실이고, 혹시 내 선택이 누군가에게 거절당하거나 불편함을 주지 않을지 조심하게 된다. 이러저

러한 사회적 이유로 무난하고 안전하고 충돌을 피할 수 있는 '아무거나'를 택한다. 그리고 그것을 '배려'라는 이름으로 포장해 마음의 소리를 가려 버리는 덮개로 사용한다.

진정한 배려는 나를 비워서 상대에게 전권을 넘기는 것이 아니다. 누군가를 배려하려면 그 전에 '나에 대한 배려'가 있어야 안정적으로 남을 배려할 수 있다. 자연스러운 이치다. **내가 무엇을 원하는지 알고 그것을 자연스럽게 말할 수 있을 때, 상대 또한 나를 있는 그대로 존중할 수 있다.** 건강한 관계는 그렇게 쌓인다. 무조건적 양보나 침묵이 아니라 정직하고 건강한 자기 인식에서 출발한 표현에서 건강한 소통이 시작된다.

그렇다면 어떻게 '아무거나'의 그물에서 벗어날 수 있을까? 방법은 의외로 단순하다. 질문을 스스로에게 던져 보는 것이다. 누군가가 "뭐 먹을래요?"라고 물었을 때, '아무거나 괜찮다.'라는 이 말이 목구멍을 타고 올라오는 순간, 삼시만 숨을 멈춰 보자. 정말 괜찮을 수도 있다. 그래도 자신에게 이렇게 한번 물어보는 거다.

그래서, 너는 오늘 뭐 먹고 싶은데?

이 아주 작은 질문 하나가, 내 마음을 정확하게 알고 자기의 욕망을 인정해 주며 남에게 당당하게 표현하는 삶의 첫걸음이 될 수 있다. 자신의 마음을 알아 가는 연습이 쌓이면 당연히 관계도 더 명확해지고 소통에도 입체감이 더해지는 신기한 경험을 하게 될 것이다.

자, 오늘 저녁은 무엇을 먹고 싶은가? 나는 홍어삼합에 막걸리 한잔이다.

계속 말하지만 나 아저씨 맞으니까 먹는 거 가지고 뭐라 그러기 없기!

취향 독특하다고 얼마나 서러웠으면 이러겠냐고! 홍어삼합이 얼마나 맛있는데! 에잇.

9-4

개츠비의 셔츠

스콧 피츠제럴드의 소설 '위대한 개츠비'에는 독자의 마음을 가장 아프고도 황홀하게 만드는 장면이 하나 나온다. 바로 개츠비가 데이지 앞에서 '셔츠를 던지는' 장면이다.

가난한 군인 시절의 연인, 상류층 여성 데이지와 5년 만에 재회한 개츠비. 그의 목표는 딘 하나, 과거의 풋내기 군인이 아닌, 그녀를 가질 자격이 충분한 성공한 남자로 인정받는 것이다. 지금 기준으로 보면, 헤어진 전 연인에게 "나 이렇게 성공했다."라고 증명하려는 한 남자의 눈물겨운 스토리다.

개츠비는 데이지를 거대한 저택으로 초대해 구석구석을 구경시켜 준다. 자신의 성공을 증명하기 위해서다. 하지만 데이지는 감탄하면서도 어딘가 예의 바른 거리감을 둔다. 초조해진 개츠비는 마지막 카드를 꺼내 든다. 그는 침실 옷장을 열고는 영국에서 막 배송된 최고급 셔츠들을 하나씩 꺼내 침대 위로 던지기 시작한다. 실크, 리넨, 순면… 형형색색의 셔츠들이 산더미처럼 쌓여 간다.

이것은 단순한 돈 자랑이 아니다. "이 모든 것이 당신을 위한 것이었소."라고 외치는 절규다. 지난 5년간 오직 그녀만을 위해 쌓아 올린 성공의 증거이자, 한 남자의 가장 순수하고 절박한 인정 욕구의 결정체다. 마침내 데이지는 그 셔츠 더미에 얼굴을 묻고 갑자기 흐느끼기 시작한다.

"너무나… 너무나 아름다운 셔츠들이에요."

그녀는 셔츠가 아름다워서 운 것이 아니다. 한 남자가 자신을 되찾기 위해 바친 거대하고 순수한 집착의 크기를, 그 셔츠 더미를 통해 비로소 눈으로 확인했기 때문이다. 그 눈물의 순간, 개츠비는 5년간 그토록 원했던 데이지의 인정을 얻어낸다. 하지만 그 인정이 물질의 산더미 위에서 이뤄졌다는 사실은, 그의 사랑이 앞으로 맞이할 비극적 결말을 암시하는 복선이기도 했다.

개츠비가 수많은 셔츠를 던져 데이지의 인정을 얻어내려 한 이 처절한 몸짓은 과연 100년 전 소설 속에만 존재하는 모습일까? 전혀 그렇지 않다. 무대만 바뀌었을 뿐, 우리 역시 매일같이 각자의 '셔츠'를 던지며 살아가고 있다. 개츠비의 무대가 롱아일랜드의 대저택이었다면, 현대인의 무대는 손안의 작은 스크린, 바로 소셜 미디어다.

무심코 넘기는 인스타그램 피드 속에는 수많은 개츠비들이 살고 있다. 물론 순수한 마음으로 지인과 일상을 공유하는 사람들도 많다. 특정 현상에 대한 내 생각이니 참고해 주시길.

예를 들어, 새로 산 고가의 명품백 사진을 찍어 올리는 행위는 단순히 새 가방이 생겼다고 일상을 공유하는 것이 아니라는 것 정도는 우리 대부분이 알고 있는 사실이다.

"나는 이런 것을 소비하는 사람이고, 세련된 취향을 가졌음을 인정해 줘!"

최고급 호텔 수영장에서 찍은 사진, 값비싼 오마카세 코스 사진은 어떨까?

"나는 이토록 자유롭고 풍요로운 시간을 가졌음을 알아주고 인정해 줘!"

밤하늘의 별만큼 다양한 사연을 하나의 이유로 설명하려는 건 아니다. 다만 이런 인정 욕구로 올라오는 현대판 개츠비의 셔츠 더미들도 넘치고 있다는 엄연한 현실을 생각해 보자는 것뿐이다. 이렇게 타인의 '좋아요'와 부러움이라는 외적 인정에 자신의 가치 평가를 맡기는 것, 나의 행복과 자존감을 외부의 평가에 의존하는 현상들…. 이거 정말, 어쩔 수 없는 문제이고 이대로 괜찮은 걸까?

흠….

나는 어쩔 수 없는 문제고, 또 이대로도 괜찮다고 본다. 크크크.

계속 너무 진지하니까, 또 뻔한 소리로 비판할 줄 알았지? 전혀 아니거든!

출퇴근길을 채우는 우리 시대 대부분의 사람들은, 사회지도층(?)이나 지식인층(?)이라는 희한한 단어로 자기를 분류하는 일부 기성세대의 걱정만큼 무기력하거나 어리석지 않다. 그들에게 낯설고 비판적으로 보이는 것들이 다른 사람들에게도 똑같이 나쁜 것은 아니다. 파도가 너무 높게 치는 것 같으면, 집단지성이라는 튼튼한 방파제가 자연스럽게 만들어질 수 있는 환경이 바로 요즘의 소통 환경이다.

그리고 결정적으로 **인간의 인정 욕구는 본능이다. 시대마다 표출되는 방법이 다를 수밖에 없다. 바다에는 파도가 치는 법인데, 파도가 친다고 바다를 탓하는 것과 무엇이 다를까.** 비싼 돈 들여서 좋은 것 사고 실컷 먹었으면 자랑도 좀 하면서 행복감도 느끼고 즐거워하게 같이 박수도 쳐주면서 살면 된다. 그래야 나도 언젠가 그런 이벤트가 생기면 같이 자랑도 하고 즐거워할 수 있지 않겠나?

개츠비는 성공과 부를 거머쥐었지만 결국 데이지의 마음은 되돌릴 수 없었다. 그렇다면 수많은 익명의 관객들이 '좋아요'를 누르다 어느 날 갑자기 관심을 끊었을 때, SNS의 현대판 개츠비들의 삶은 과연 온전할 수 있을까? 뭐, 그럴 수도 있고 아닐 수도 있다. 그런데 그건 남이 상관할 일이 아니다. 자기 삶을 자기가 원하는 대로 남들한테 직접적인 피해 주지 않고 즐기고 살겠다는데 누가 뭐라 그럴 수 있단 말인가.

우리가 관심을 두어야 할 곳은 이런 소통 환경에서 무엇에 주목하고 나를 위해 어떤 선택을 할 것인가에 대한 문제 아닐까?

위대한 개츠비부터 직장 상사와 동료, 심지어 매일 마주하는 내 가족에 이르기까지, 우리는 각자의 방식으로 인정받기를 갈망하는 존재라는 것.

정도의 차이와 모양이 다를 뿐, 모든 사람의 마음속에는 "나의 이런 점을 알아주세요."라고 속삭이는 보이지 않는 '감정의 이름표'가 붙어있다는 것.

사실, 수많은 관계 속에서 어려움을 겪는 이유는 의외로 단순한 경우가 많다. 가장 큰 이유 중 하나가 바로 이런 본능적인 인정 욕구에 관한 것이다. **상대방 감정의 이름표를 읽으려 하기보다, 내가 받고 싶은 인정의 방식을 상대에게 똑같이 건네주기 때문이다.**

나의 '노력'을 인정받고 싶은 사람은 상대방의 '노력'을 인정하고, 나의 '재능'을 인정받고 싶은 사람은 상대방의 '재능'을 인정한다. 하지만 상대는 정작 자신의 '배려심'이나 '희생'을 인정받고 싶었을지도 모른다. 이 미묘한 어긋남이 오해와 서운함을 낳고 관계에 균열을 만든다. 내가 원하는 반응을 얻어내고 상대방도 기분 좋은 소통의 흐름을 만들기 위한 첫 단추는, 잠시 말을 멈추고 스스로에게 던지는 질문이다.

"그래서, **이 사람은 지금 어떤 인정을 받고 싶은 걸까?**"
"그리고, **나는 지금 어떤 인정을 받고 싶은 걸까?**"

이런 질문은 인간관계라는 파도가 치는 밤바다를 밝혀 주는 등대와 같다. 이 질문을 마음에 품는 순간, 우리는 내 마음을 명확하게 인식할 수 있고, 상대의 마음을 여는 열쇠를 손에 쥐게 된다. 그것은 상대를 조종하는 부정적 기술이 아니다. 상대를 온전히 이해하려는 존중의 시작이다. 나를 포함한 사람들의 마음속에 이미 존재하는 그 이름을 정확히 불러주는 섬세한 목소리. 그것이야말로 나를 귀하게 여기며 아껴주고, 남의 신뢰를 얻고, 갈등을 녹이며, 한 사람의 우주에 입장하는 티켓이다.

9-5

태권브이 vs 어벤져스

내가 진지하게 지구방위를 걱정하던 시절에는 로보트 태권브이와 마징가, 그랜다이져가 지구를 지켰다. 요즘 지구는 어벤져스가 지켜 주고 있는데 어딘가 부족해 보인다. UFO 군단과 타노스 같은 악의 무리들은 앞으로도 끊임없이 지구정복을 시도할 텐데, 이제 어벤져스에는 아이언맨도 없고, 미국대장 스티브 로저스도 없다. 과연 지구는 계속 안전할 수 있을까? 걱정이다.

그나저나, 태권브이와 어벤져스 전원의 완전체가 붙으면 누가 이길까? 이 대결을 진지하게 분석해 보면 의외로 흥미로운 지점들이 많다. 56미터의 태권도 로봇과 초능력 히어로들의 격돌은 그 자체로 영화의 한 장면 같을 테니 한번 상상해 보자.

결전의 날, 서울 하늘을 찢으며 굉음과 함께 붉은 섬광이 내려

앉는다. 태권브이, 드디어 현신하다! 웅장한 자태는 어벤져스조차 잠시 숨을 멎게 할 정도다. 캡틴 아메리카의 지휘 아래 어벤져스가 전투 태세를 갖춘다. 아이언맨의 리펄서 레이, 토르의 묠니르, 헐크의 포효, 캡틴 마블의 에너지 광선이 동시에 태권브이를 향해 쏟아진다.

하지만 태권브이는 꿈쩍도 하지 않는다. 마치 거대한 철옹성과 같다. 오히려 그의 움직임이 시작되자, 어벤져스는 전에 없던 위압감에 휩싸인다. 현란한 태권도 동작으로 헐크의 공격을 흘리고, 토르의 묠니르를 손날로 쳐내는가 하면, 아이언맨의 미사일을 가볍게 걷어찬다. 캡틴 마블이 초고속으로 접근하지만, 태권브이는 예측 불가능한 발차기로 순식간에 그녀를 격추시킨다. 앤트맨이 마이크로 단위로 작아져서 내부 침투를 시도하지만, 태권브이의 에너지 필드에 감지되어 접근조차 허용되지 않는다.

"녀석은 단순한 로봇이 아냐!"

위기의 순간, 닥터 스트레인지가 미러 디멘션을 펼치려 하지만, 태권브이는 번개처럼 빠른 속도로 닥터 스트레인지에게 접근해 태권 주먹을 날린다. 닥터 스트레인지는 간신히 포탈을 열어 피하지만, 예상을 뛰어넘는 태권브이의 스피드와 격투 실력에 모두가 경악한다.

블랙 팬서와 블랙 위도우, 호크아이는 인간적인 전략으로 태권브이의 조종사인 김훈을 노리지만, 태권브이는 마치 스스로 판단하는 듯 빈틈을 허용하지 않는다. 그의 움직임은 단순한 프로그래밍이 아닌, 고도의 전투 인공지능을 탑재한 듯 유기적이다. 당연한 일이다. 세계태권도 대회 우승자인 조종사 김훈과 이미 한 몸으로 연결되어 있기 때문이다.

우주 최강 악당 타노스까지 한 줌의 먼지로 만들었던 어벤져스라 해도 정의의 용사 태권브이 앞에서는 속수무책, 승리의 여신은 쉽게 미소를 짓지 않는다. 어벤져스의 협공은 매번 태권브이에게 타격을 입히는 듯하지만, 결정적인 순간마다 강인한 에너지 방어막과 예측 불가능한 반격에 막힌다. 특히 태권브이가 필살기인 '번개 회축'을 시전할 때마다 주변은 초토화되고, 어벤져스는 간신히 여기저기로 피해야만 한다. 마지막 희망은 스칼렛 위치의 혼돈 마법. 강력한 붉은 에너지로 태권브이의 움직임을 제어하려 하지만, 태권브이는 내장된 반마법 시스템으로 이를 무력화시킨다.

시간은 속절없이 흐르고 어벤져스는 점점 지쳐 간다. 아이언맨의 에너지 고갈 직전, 캡틴 아메리카는 마지막 명령을 내린다.

"녀석은 우리가 아는 방식으로는 쓰러뜨릴 수 없어!"

태권브이는 떠나는 그들을 보며 묵묵히 서울 하늘을 바라본다. 승패는 가려지지 않았지만, 어벤져스에게는 뼈아픈 무승부였다. 이쯤에서 그 유명한 태권브이 노래가 나오면 딱!

땅따랑 따~당~ 로보트야, 땅따라 따~당~ 태권브이~ 크….

언제 들어도 소름 돋는 불후의 멜로디다. 역시 태권브이가 최고다. 예전에는 무려 슈퍼맨과 붙여본 적도 있는데 그때는 일 대 일이라 슈퍼맨은 1분도 버티지 못하고 도망갔었다. 그런 태권브이도 이번에 꽤 고전을 한 걸 보면 아무래도 떼거리로 달려드는 건 솔직히 피하는 게 상책이다. 어쨌든 태권브이가 뻗는 정의의 주먹을 당할 자는 우주에 존재하지 않는다는 것이 다시 한번 입증되었다. 뭐, 참고로 나는 어벤져스도 아주 많이 좋아하니까 팬들은 너무 뭐라 마시길.

"아저씨한테 뭘 바라! 내 추억도 존중하고 인정해 줘!"

어쨌든 하던 얘기 마저 해보자. 어쩌면 내가 이런 상상을 하며 즐거워하는 이유는, 단순히 승패에 대한 호기심을 넘어 일상의 위협 앞에서 우리가 어떻게 자신을 지켜 내는지, 그 '방어 방식' 자체에 깊은 흥미를 느끼기 때문이기도 하다. 스크린을 가득 채웠던 이 전투는 스케일만 다를 뿐, 우리 각자의 마음속에서 매일 벌어지는 심리적 투쟁과 비슷하다.

사람들의 내면에는 평화롭고 질서정연한 자기만의 우주가 있다. 그런데 그곳에 비난, 불안, 죄책감, 수치심과 같은 외부의 위협이 침공해 올 때, 우리의 자아는 즉시 비상사태를 선포하고 방위군을 출동시킨다. 바로 각자의 마음속에 주둔하는 히어로, '방어기제'다. 어떤 이는 분노로 모든 것을 부수는 헐크를, 어떤 이는 냉소와 합리화의 갑옷을 두른 아이언맨을, 또 어떤 이는 아예 위협 자체를 다른 차원으로 날려 버리는 닥터 스트레인지를 출동시켜 내면의 우주를 지키려 한다.

그리고 우리는 이 전투의 중요한 법칙 하나를 기억해야 한다. **일단 히어로가 출동하면, 그들의 최우선 임무는 더 이상의 소통이나 화해가 아니라 오직 '승리'와 '방어'뿐이라는 사실이다.** 내 안의 우주가 포격당하는 전시 상황에서 대화와 타협이라는 평화로운 해법을 기대하기는 어렵다.

바로 이 지점에서 인간관계와 소통의 가장 중요한 원칙을 발견할 수 있다. 내가 진정으로 원하는 반응을 얻어내기 위해서는, 그 어떤 이유로도 상대방의 우주를 먼저 위협해서는 안 된다는 것이다. 당신이 상대방을 향해 사소한 비판이나 날카로운 지적, 무시하는 듯한 눈빛을 던지는 순간, 당신의 눈에는 보이지 않겠지만 상대의 마음속에서는 이미 최강의 어벤져스가 출동 준비를 마쳤을 것이다. 그들의 임무는 당신의 말을 경청하고 이해하는 것이 아니라, 당신의 공격으로부터 상처받은 자신의 우주를 지켜내는 것이다.

결국 타인의 마음을 여는 열쇠는 내 주장의 정당성을 얼마나 더 논리적으로 증명하는가에 있지 않다. 그저 상대의 히어로들이 굳이 출동할 필요가 없도록, 그의 우주가 지금 안전하다고 느끼게 해주는 섬세하고 지적인 존중에 있는 경우가 많다.

뒷담 소리 09

정텔러, 지구인들은 정말 이상하다. 어떤 때는 개츠비처럼 "제발 날 인정해달라."며 비싼 셔츠를 던지며 울부짖고, 또 어떤 때는 누가 자기 마음에 조금만 상처를 줘도 어벤져스처럼 모두 튀어나와 "내 우주를 지켜내라!"며 방패를 들고 싸운다. 대체 뭐냐? 이건 영원한 거냐?

찰스, 넌 동전의 양면을 보고 있는 거야. 그 두 가지는 결국 '내가 가진 가치를 지키고 싶다.'라는 하나의 마음에서 나온 행동이거든. 셔츠를 던지는 것은 내 가치를 알아달라는 처절한 '요청'이고, 어벤져스를 출동시키는 것은 내 가치를 깎아내리는 공격에 대한 '방어'라고 생각해 봐. 지구인의 마음을 얻고 원하는 반응을 끌어내는 건 어떻게 보면 간단해. 그의 셔츠(인정 욕구)에는 따뜻하게 박수를 보내고, 그의 어벤져스(방어기제)는 무슨 일이 있어도 깨우지 않는 것. 그것이 바로 손자가 말한 싸우지 않고 이기는 길, 전략적 나 중심 소통의 출발이거든.

들어보세요
당신의 게소리

열 번째 소리

세 개의 궁합

10-1

엠마의 착각

1815년 출간된 제인 오스틴의 소설 '엠마'는 영국 문학사의 걸작 중 하나로 평가받는다. 하이베리라는 작은 마을을 배경으로, 21살의 부유한 처녀 엠마 우드하우스가 주변 사람들의 연애를 성사시키려 노력하다가 벌어지는 해프닝을 그린 작품이다.

스물한 살의 부유한 처녀 엠마 우드하우스는 자신만의 특별한 취미가 있었다. 다른 사람들의 연애를 성사시키는 것이었다. 그녀는 자신을 마을의 숨은 연출가라고 믿었고, 모든 인간관계를 무대 위의 연극으로 바라보았다.

자신의 가정교사 테일러 양이 웨스턴 씨와 결혼하는 것을 보며 엠마의 자신감은 하늘을 찔렀다. '이것은 내 작품이다.'라고 확신했기 때문이다. 사실 그 결혼은 두 사람의 애정이 맺어낸 결실이었지만, 엠마에게는 자신의 '매치메이킹 능력'을 스스로 입증하는 완벽한 성공 사례가 되었다.

한 번의 성공에 도취된 엠마는 야심 찬 계획을 세웠다. 이번에는 진짜 어려운 프로젝트에 도전해 보겠다는 것이다. 그때 엠마의 눈에 들어온 것이 해리엇 스미스였다. 열아홉 살의 이 소녀는 엠마에게 완벽한 조건을 갖추고 있었다. 아름답고, 순진하고, 무엇보다 엠마의 말이라면 무조건 따르는 성격이었다. 엠마는 속으로 생각했다.

'이보다 좋은 재료가 어디 있을까?'

마침 해리엇에게 청혼한 남자가 있었다. 로버트 마틴이라는 젊은 농부였다. 성실하고 진실한 사람이었지만, 엠마의 기준에서는 '급이 맞지 않는 짝'이었다.

"해리엇, 넌 그보다 훨씬 나은 사람을 만날 수 있어. 마틴 씨를 거절해. 내가 더 좋은 사람을 찾아 줄게."

순진한 해리엇은 고개를 끄덕였다. 엠마 언니가 그렇게 말한다면 분명 맞을 것이었다. 엠마가 해리엇을 위해 점찍은 상대는 엘튼 목사였다. 젊고, 잘생기고, 교양 있고, 사회적 지위도 나쁘지 않았다. 엠마는 확신했다.

'이것이야말로 완벽한 매치야!'

그리고 모든 것이 계획대로 돌아가는 것처럼 보였다. 엘튼 목사가 해리엇의 그림을 그려달라고 부탁했을 때, 엠마는 '시작됐다!'고 속으로 외쳤다. 목사가 그 그림을 소중히 간직하며 런던까지 가져가 액자에 넣었을 때는 완전히 확신했다. 해리엇이 감기에 걸렸을 때 엘튼 목사가 걱정스러운 표정을 지었던 것도, 해리엇과 대화할 때 유독 다정한 미소를 보였던 것도, 엠마에게는 모두 명확한 신호였다.

"해리엇! 엘튼 목사님이 널 얼마나 아끼는지 보이지?"

득의양양하게 즐거운 날을 보내다가 찾아온 크리스마스 이브, 모든 것이 한순간에 무너졌다. 파티가 끝나고 집으로 돌아가는 마차 안에서 엘튼 목사가 갑자기 엠마의 손을 잡았다. 그리고 예상치 못한 고백을 쏟아 냈다.

"미스 우드하우스, 저는 당신을 사랑합니다!"

"목사님, 무슨 말씀을 하시는 거예요? 목사님은 해리엇을…."

"저는 처음부터 당신만을 생각했습니다. 해리엇은 당신에게 접근하기 위한 핑계였을 뿐이에요."

마차 안의 침묵은 길고 고통스러웠다. 눈은 계속 내리고 있었고, 엠마의 완벽한 계획은 산산조각이 났다. 엠마의 실패는 모두의 마음에 상처를 입혔다. 먼저 해리엇이었다. 로버트 마틴의 진심 어린 청혼을 거절하게 만든 것도 모자라, 헛된 희망을 심어주어 그녀를 더 깊은 상처에 빠뜨렸다. 해리엇은 엘튼 목사의 진실을 알고 며칠 동안 눈물을 흘렸다. 엘튼 목사는 엠마의 거절에 실망과 분노를 느꼈다. 그는 곧 마을을 떠났고, 몇 달 후 오만하고 속물적인 여자와 결혼해서 돌아왔다. 그의 아내는 마을 사람들에게 불쾌감을 주는 존재가 되었다.

그리고 엠마 자신도 마찬가지였다. 자신의 통찰력을 과신한 대가로 치욕을 맛봐야 했다. 더 아픈 것은 자신이 그토록 경멸했던 '돈과 지위를 보고 접근하는' 계산이 엘튼 목사의 진짜 동기였다는 사실이었다. 게다가 엠마의 실수는 여기서 끝나지 않았다. 또 다른 매치메이킹에 도전했다가 더 큰 실수를 저질렀다. 이번에는 해리엇이 자신의 오랜 친구 나이틀리 씨에게 관심을 갖게 만든 것이다. 그때 엠마는 깨달았다. 자신이 정말로 사랑하는 사람이 바로 나이틀리 씨였다는 것을, 그리고 자신의 어리석은 개입이 얼마나 많은 사람들을 힘들게 했는지를 말이다.

엠마는 지금도 주변에서 흔하게 볼 수 있는 유형의 사람이다. **많은 사람들이 선한 의도로 타인의 삶에 개입하고 싶어하고, 상대방보다 더 잘 안다고 생각한다.** 가족, 친구, 동료, 지인 가까운 사람들은 물론이고 소셜 미디어 시대에 마주하는 수많은 타인들을 향한 이런 착각은 더욱 강해지고 있다. 게시글 몇 개만 봐도 그들의 마음을 읽었다고 생각하는 사람들이 많다는 현실을 누가 부정할 수 있을까?

인간의 마음은 생각보다 훨씬 복잡하고 예측 불가능하다. 상대방의 마음을 알려고 노력하는 것은 어쩌면 처음부터 불가능한 도전일지도 모른다. 그렇다고 확 포기할 수도 없는 것이 상대방에 대한 이해임은 분명하니, 참으로 골치가 '지끈지끈'이다.

내가 원하는 반응을 얻어내고 상대방도 같이 즐거워지는 소통을 위해서는, 너를 잘 알고 있다는 착각이나 무의미한 노력보다는 조금 더 현실적인 접근이 필요하지 않을까?

예를 들어,

다음에 이어지는 3가지 알짜배기 정도만 확실하게 챙기는 그런… 노력?

10-2

다아시의 프로포즈

위대한 작가를 한 번만 활용하면 벌금을 물 수도 있으니까 제인 오스틴의 빛나는 작품 얘기 하나 더 해보자. 1813년 출간된 '오만과 편견'은 시대를 초월한 로맨틱 코미디의 고전이다. 아마 읽어 보진 않았어도 이 제목을 모르는 사람은 별로 없을 정도로 유명한 걸작이다.

19세기 영국 시골 마을을 배경으로, 부유하고 오만한 신사 다아시와 편견에 사로잡혔지만 재치 넘치는 엘리자베스 베넷의 복잡한 사랑 이야기를 그린다. 두 주인공이 서로에 대한 오해와 편견을 극복하고 진정한 사랑을 찾아가는 과정이 펼쳐지는 재미가 알콩달콩하다. 대부분의 로맨틱 스토리는 오만과 편견의 이야기 흐름을 따라간다고 해도 무방한데, 두 주인공이 서로를 오해하는 전형적인 과정을 하나 따라가 보자.

19세기 영국에서 여성의 결혼은 생존 수단이었고, 남성의 청혼 거절은 사회적 자살 행위나 다름없었다고 한다. 그런 시대에 모두가 선망하는 재력과 외모, 학식까지 겸비한 완벽남 피츠윌리엄 다아시 씨가 한 여인에게 청혼을 결심한다. 그 주인공은 바로 당돌하고 총명한 엘리자베스 베넷 양이었다. 어느 날 다아시는 콜린스 목사의 집에서 잔뜩 무게 잡은 목소리로 이렇게 말한다.

"베넷 양, 나는 당신에게 깊은 애정을 품고 있습니다. 당신의 낮은 신분과 천박한 가족들은 마음에 들지 않지만, 그럼에도 불구하고 당신을 사랑합니다. 나와 결혼해 주시겠습니까?"

이 놀라운 자신감을 빙자한 오만함이란! 다아시의 머릿속에는 아마 이런 그림이 그려졌을 것이다.

'나처럼 고결하고 대단한 남자가 청혼을 하다니! 엘리자베스는 분명 황송해서 눈물을 흘리며 받아들이겠지!'

하지만 엘리자베스는 달랐다. 다아시의 오만한 태도… 그녀의 마음속에는 이미 다아시에 대한 뿌리 깊은 반감과 편견이 자리 잡고 있었다.

"선생님의 청혼에 감사드립니다. 하지만 저에게 이보다 더 불편하고 불쾌한 제안은 없을 것 같습니다."

다아시는 믿을 수 없다는 표정으로 엘리자베스를 바라보았다. 그의 얼굴에는 당혹감과 분노가 가득했다.

"저를 거절하는 이유를 말씀해 주시겠습니까, 베넷 양?"

"선생님의 오만함과 이기심, 그리고 가득한 자만이 저에게는 참을 수 없는 것들입니다. 그리고 선생님이 제 언니 제인과 빙리 씨의 관계를 방해하고, 가난한 위컴 씨에게 부당한 대우를 한 사실을 알고 있습니다. 그런 분의 청혼을 받아들일 수는 없습니다."

"당신은 저에 대해 너무나 잘못된 판단을 하고 있습니다, 베넷 양!"

다아시는 반박했지만, 엘리자베스는 이미 마음을 굳힌 뒤였다.

"제 판단이 틀리지 않았기를 바랍니다, 선생님. 저는 이만 가보겠습니다."

다아시는 홀로 남아 격렬한 감정에 휩싸인 채 비 내리는 창밖을 응시했다. 그의 오만함은 산산조각 났고, 그의 완벽한 청혼은 처참한 실패로 끝났다. 잘 좀 하지, 짜식.

자, 다아시는 왜 청혼에 실패했을까? 솔직히 말하면 일단 '완전 재수 없음' 그 자체니까 성공하는 것이 이상할 정도로 당연한 실패다. 하지만 당시의 시대상으로 보면 다아시의 말투와 내용이 최우선 요인은 아니었을 수 있다.

문제는 다아시가 청혼을 감행한 '시점' 그 자체에 있었다. 당시 엘리자베스는 다아시에 대해 극심한 반감을 품고 있었다. 그는 엘리자베스의 언니 제인과 빙리의 로맨스를 방해하고, 어린 시절부터 친하게 지내던 위컴 씨를 불행하게 만든 장본인이라고 굳게 믿고 있었기 때문이다.

그녀의 마음속은 다아시에 대한 오해와 분노라는 거대한 인지적 장벽으로 가득 차 있었다. 요즘 말로 '확증편향'이 극에 달한 상태였다는 뜻이다. 무릎을 꿇고 살살 기면서 천만금짜리 청혼을 해도 모자랄 이런 상황에서 '너의 모든 단점에도 불구하고 내가 널 사랑해 주마!'라는 식의 말은 총알이 빗발치는 허허벌판을 맨몸으로 정면 돌파하겠다는 비친 색기일 뿐이었다.

더 큰 문제는 '관계적 타이밍'의 부재였다. 다아시는 엘리자베스를 처음 만났을 때부터 노골적으로 무시하고 차갑게 대했다. 그러다 어느 순간 그녀의 매력을 깨닫고 혼자 사랑에 빠졌을 뿐, 두 사람 사이에는 호감 축적의 단계적 과정이 완전히 생략되어 있었다. 관계의 기초 공사도 제대로 되지 않은 상태에서 '결혼'이라는 거대한 건물을 지으려 한 셈이었다. 게다가 다아시는 자신의 내적 갈등(신분 차이)을 마치 엘리자베스에게 생색내듯 늘어

놓았다. 엘리자베스 입장에서는 '이놈이 나를 좋아하는 거야, 비꼬는 거야?' 혼란스러울 수밖에 없었다.

이렇게 다아시의 첫 번째 청혼은 **'시간적 타이밍(오해와 분노가 최고조인 시점)'과 '관계적 타이밍(관계 발전 단계 무시)'**, 두 가지 핵심 요소가 모두 어긋나면서 참사로 막을 내렸다. 이 스토리에서는 결국 해피엔딩으로 이어지는 과정이지만, 누군가에게 원하는 반응을 끌어내려면 이 두 가지 타이밍은 항상 생각 첫머리에 두고 있어야 할 가장 중요한 요소임을 잊지 않는 게 좋다.

'인생은 타이밍'이란 말이 괜히 있는 게 아님!

10-3

종이학

일본에는 천 마리의 종이학을 접으면 소원이 이루어진다는 낭만적인 전설이 있다. 원래는 그저 개인의 행운을 빌던 소박한 전설에, 인류 전체의 눈물과 희망이라는 묵직한 의미가 더해진 이야기가 있다. 사다코 사사키라는 소녀의 슬픈 이야기다.

소녀는 히로시마에 떨어진 원자폭탄의 섬광 속에서 살아남았지만, 열두 살에 백혈병 진단을 받는다. 천 마리의 학을 접으면 살 수 있다는 마지막 희망을 안고, 병상에서 온갖 종이를 닥치는 대로 접었다.

처음에는 자신의 건강이라는 작은 소망은, 어느새 '다시는 이런 끔찍한 일로 아파하는 아이들이 없게 해달라.'는, 인류 전체를 향한 기도로 바뀌었다. 결과적으로 사다코의 소망은 이뤄지지 않았다. 하지만 그녀가 남긴 작은 종이학들은 그 어떤 거대한 비행기보다 더 높이 더 멀리 날아올랐다. 그 이후 종이학은, 나 하나의 행운을 비는 상징을 넘어 비극에 맞서는 가장 작고도 가장 숭고한 저항의 상징이 되었다. 히로시마 평화 기념 공원에 가면 종이학을 들고 서 있는 사다코의 동상을 볼 수 있다고 한다. 나는 모니터 속 사진으로만 봤는데, 언젠가 기회가 되면 꼭 한번 직접 보고 싶다.

비극의 상징이 된 종이학은 바다 건너 우리에게 날아와서 다른 옷을 입었다. 당시의 청춘스타였던 전영록 아저씨는 "천 번을 접어야만 학이 되는 사연"을 노래하며, 이루지 못한 사랑의 애틋함을 종이학에 실어 전파했다. 그때부터 우리에게 종이학은 누군가를 향한 간절한 그리움의 다른 이름이 되었다.

물론 나의 국민학교 시절 종이학은 그런 숭고함이나 애틋함과는 거리가 멀었다. 그저 아이들이 해볼 수 있는 최고 수준의 종이접기였을 뿐이다. 물론 더 복잡하고 멋진 것들을 척척 접어내며 속을 뒤집어 놓던 외계인 같은 친구들도 있었지만, 대부분은 종이학이 끝이었다.

종이비행기, 종이배, 종이 개구리, 바람개비, 동서남북 뻑뻑이…. 아, 딱지! 딱지를 빼놓을 수 없지. 딱지는 옆집과 앞집 등 도처에 기생하면서 아침마다 내 마음의 평화와 장난감 상자를 노리던 악의 무리를 향한 엑스칼리버였으니까.

종이접기는 단순하지만 매우 큰 확장성을 가진 놀이다. 종이 한 장으로 많은 형태를 만들어낼 수 있다는 점에서, 전략적 소통을 위한 일상의 활용 방식과 아주 닮아있다.

어떤 상황에서도 능숙하게 소통하며 자신이 원하는 반응을 끌어내는 사람들은 수만 가지의 화려한 경험을 가진 사람이 아니다. 일상의 평범한 경험 하나가 가진 확장성을 아는 사람이다. 그들은 하나의 경험이라는 종이를 가지고, 상황과 상대에 따라 전혀 다른 모양과 의미의 작품을 접어 낸다. 이것이 바로 **'소재와 목적의 궁합'을 맞춰서 접어 내는 기술이다. 그 핵심에는 '다각적 메시지 도출'이라는 정교한 과정이 있다.**

첫 단계는, 감정의 구김살을 쫙 펴고 경험을 객관적인 '한 장의 네모난 종이'로 만드는 것이다. '서사칠성'은 바로 이 구겨진 경험을, 분석이 가능한 사실을 바탕으로 뼈대를 만들면서 반듯하게 펴주는 다리미와 같다.

두 번째 단계는, 반듯하게 펴진 종이를 어떤 각도에서, 어떤 선을 따라 접을지 결정하는 것이다. 어떤 '관점'의 렌즈로 볼 것인지 선택하는 작업이다.

마지막으로, 그렇게 완성된 여러 개의 '종이학, 종이배, 딱지들'이 바로 언제든 꺼내 쓸 수 있는 '전략적 소통 무기'가 된다.

여기 '팀장에게 보고서를 퇴짜 맞았다.'라는, 다소 구겨진 경험이라는 '종이 한 장'이 있다고 해보자. 이 종이 한 장으로 무엇을 접어 낼 수 있을까?

친구에게는, "나 너무 속상했어."라는 진솔한 마음을 담아 위로를 구하는 '종이배'를 접고,

청중에게는, "상사를 대하는 자세"에 대한 생각을 담아서 날리는 '종이비행기'를 접고,

나중에 후배에게는, "실패에서 무엇을 배웠는가?"라는 교훈을 담아 단단한 '딱지'를 접어 조언할 수 있다.

하나의 경험에서 다양한 메시지를 뽑아내는 역량은 소통 천재들의 영역이 아니다. 소통의 천재는 단언컨대 없다. 얼마나 많은 시도와 연습을 했느냐의 문제일 뿐이다. **경험을 다채롭게 가졌느냐가 아니라, 하나의 경험으로 얼마나 다양한 작품을 접어 낼 수 있느냐에 달려 있다.**

지금 내 앞의 상대와 상황에, 과연 '소망을 담은 종이학'이 필요한지, '목표를 향해 날리는 종이비행기'가 필요한지를 판단하는 소재 선택과 활용의 감각. 그런 감각은 인간이라면 누구나 익힐 수 있는 기술의 영역이다. 내 서랍 속에 수북하게 쌓여 있는 가장 평범한 경험 색종이 한 장을, 바로 그때 가장 필요한 단 하나의 작품으로 접어 보는 것.

궁합이 잘 맞는 소통 소재를 찾기 위해 매번 끙끙거리지 않게 만들어 주는, 가성비 높은 저축의 시작이다.

10-4

올리밴더의 지팡이

세상에는 자신의 운명을 결정하는 '인생의 도구'와 만나는 순간의 이야기가 많다. 아마 21세기에 나온 이야기 중에서는 J.K. 롤링의 '해리 포터'의 그것이 가장 유명할 것 같다. 평범한 소년인 해리가 자신이 사실은 마법사라는 출생의 비밀을 알게 되고 처음으로 마법 세계에 발을 들여놓는 장면, 마법사들의 필수품인 '지팡이'를 사기 위해 가장 낡고 신비로운 가게의 문을 여는 바로 그 순간 말이다.

해리 포터가 마법 세계의 상점가인 '다이애건 앨리'에 들어섰을 때, 앞에는 다양하고 신기한 가게들이 펼쳐진다. 모든 가게를 통틀어 가장 신비롭고 중요한 장소는 허름하고 먼지 쌓인 간판이 걸린 '올리밴더의 지팡이 가게'다.

가게 안은 수천 개의 가느다란 상자들이 천장까지 빼곡히 쌓여 있다. 그곳의 주인인 올리밴더는 단순히 지팡이를 파는 상인이 아니다. 그는 지팡이와 그것을 사용할 마법사의 기질과 운명까지 꿰뚫어 보는 최고의 '장인'이자 '상담가'다.

그의 가게에서는 손님이 지팡이를 고르지 않는다. 지팡이가 자신의 주인을 직접 선택한다. 해리가 어떤 지팡이를 손에 쥐는 순간 손끝에서 따뜻한 기운이 퍼져나가고 불꽃이 터져 나온다. 지팡이가 자신의 주인을 만나는 순간이다. 올리밴더는 단호하게 이 가게의 제1원칙이자, 마법 세계의 가장 중요한 진실을 말해 준다.

"지팡이가 마법사를 선택한단다, 포터 군."

나 좀 선택해 주지. 힝….

'마법사'를 소통의 주체인 '나'라고 가정해 보자. 자동으로 '마법'은 내가 전달하려는 메시지나 원하는 반응이 된다. 그리고 '지팡이'는 그 메시지를 세상 밖으로 꺼내 주는 '소통의 방식' 전체로 볼 수 있다.

사람들은 종종, 강력한 '마법'만 있으면, 어떤 방식을 쓰든 상관이 크게 없다고 생각한다. "내용만 좋으면 됐지!"라고 생각하는 것이다. 하지만 올리밴더는 말한다.

"응, 착각이야."

모든 마법사와 모든 상황에는, 그에 맞는 최적의 '궁합'을 가진 방식의 지팡이가 따로 있다는 말이다. 어지간한 마법 세상은 명함을 내밀기도 민망할 것 같은 복잡하고 신기한 21세기를 살아가는 우리의 마법 가방 속에는, 수많은 종류의 지팡이가 들어 있다.

'불사조의 깃털 지팡이'는 '대면 소통'이다. 강력하고 완전하지만, 그만큼 다루기 어려운 지팡이다. 상대의 표정과 목소리, 몸짓까지 모든 것을 읽고 전달할 수 있지만, 놓치고 실수했을 때의 타격도 크다.

'용의 심장 힘줄 지팡이'는 '음성 소통'이다. 신속하고 효율적이지만, 섬세한 감정과 뉘앙스를 놓칠 수 있다. 목소리의 톤으로 감정을 전달할 수 있지만, 표정과 몸짓은 볼 수 없다.

'버드나무 지팡이'는 '카톡과 SNS 메시지'다. 가장 편리하고 빠르지만, 가장 기벼워서 오해를 낳기 쉽다. 그리고 대부분의 소통에 크고 작은 왜곡이 필연적으로 발생한다. 짧은 텍스트로는 복잡한 감정이나 의도를 온전히 전달하기 어렵다.

하지만 여기서 끝이 아니다. 지팡이 종류(채널)를 잘 선택했다고 내가 원하는 수준의 소통이 완성되는 것은 아니다. 선택한 채널 안에서도 어떤 방식으로 표현할지가 소통의 성패를 좌우한다. 마법 세계에 수많은 주문이 있듯, 우리의 소통 세계에도 다양한 '표현의 주문'이 존재한다. 같은 지팡이를 들고도, 어떤 주문을 외우느냐에 따라 전혀 다른 결과가 나타난다.

'엑스펠리아르무스(Expelliarmus)!'는 바로 '직설적인 화법'이다. 상대의 무장을 해제시키고, 핵심을 정확히 겨냥하는 주문이다. 위기 상황에서 명확한 지시를 내리거나, 논쟁에서 상대의 논리적 허점을 반박할 때, 이 주문은 가장 빠르고 효과적인 힘을 발휘한다. 하지만 방어할 준비가 되지 않은 상대에게 이 주문을 난사하는 것은, 그저 판타지 해피엔딩 영화를 전쟁 다큐멘터리로 만드는 공격이 될 수 있다.

'알로호모라(Alohomora)!'는 바로 '은유와 암시'다. 잠긴 문을 부수지 않고, 부드럽게 열어주는 주문이다. 상대가 스스로 마음의 문을 열고 문제의 본질을 깨닫게 만들고 싶을 때, 이 주문은 빛을 발한다. 직접적인 비판 대신, 제삼자의 이야기나 비유를 통해 메시지를 전달하는 방식이다. 하지만 문이 열릴 때까지는, 인내심을 갖고 기다려야만 한다.

소통의 고수란 강력한 지팡이 하나와 화려한 주문 하나만 고집하는 사람이 아니다. **자신의 마법 가방 속에, 상황에 맞는 수많은 종류의 지팡이와 주문서를 가지고 다니며, 가장 결정적인 순간에 채널과 표현 방식의 최적의 조합을 꺼내서 쓸 줄 아는 사람이다.**

"내용은 좋았는데 왜 안 받아들여졌을까?"

이런 경험 가진 사람들이 꽤 많다. 분명 옳은 말을 했고, 좋은 의도로 말했는데, 상대는 오히려 등을 돌리거나 반발했던 경험 말이다. 혹은 똑같은 내용을 전달했는데, 어떤 사람은 바로 이해하고 어떤 사람은 전혀 받아들이지 않았던 경험도 우리가 공유하는 일상의 경험이다.

많은 사람들이 소통의 실패를 '내용의 문제'로만 여긴다. 논리적으로 말하고, 설득력 있는 근거를 대면 될 거라고 생각한다. 하지만 정작 소통이 실패하는 진짜 이유는 다른 곳에 있는 경우가 많다. 아무리 좋은 내용이라도, 그것을 담아 전달하는 '방식'이 잘못되면 메시지는 왜곡되거나 거부당할 수 있다는 단순한 마법 공식 정도는 머릿속에 꼭 담아 두자.

나의 마법 가방에는 어떤 지팡이와 주문서가 있는가?

그리고 지금 내 앞의 사람에게는, 과연 어떤 조합을 선보여야 할까?

10-5

오키나와는 999당

나는 비행기 타는 것을 조금 많이 무서워한다. 비행 공포증까지는 아닌 것 같지만 언제부턴가 점점 더 무서워졌고 가능하면 비행기 탈 일은 피하게 된다. 이유가 뭘까 곰곰이 생각해 봤는데, 아마 내 삶의 어떤 순간들이 마음속에 남긴 상처 때문인 것 같다.

새벽잠이 깨지 않았던 상태에서 보게 된 엄마의 마지막 모습은 관 속에 누워 계신 모습이었고, 스무 해 정도 후에 보게 된 동생의 마지막은 피를 흘리며 차갑게 식어 있던 모습이었다. 사이가 좋지 않았던 아버지와의 마지막은 다른 느낌의 속상함이다. 동생의 장례 이후 교류를 끊고 지내다가 화해를 심각하게 고민하던 중 갑작스레 전해진 소식에 10년 만에 영정 사진으로 마주한 것이 전부였다.

그렇게 갑자기 가족들을 떠나보내는 경험을 여러 번 겪고 나니, '갑자기 어떻게 되는 것'에 대한 막연한 불안감이 생긴 모양이다. 누구나 오늘이 마지막이 될 수 있다는 삶의 진리를 받아들이고 난 후부터는 텅 빈 고속도로에서 약간의 과속도 하지 않는 편이다. 지방 출장을 갔다가 새벽 시간이라도 가능하면 집으로 돌아오는 습관이 생긴 것도 그런 이유에서다. 특히 비행기는, 이륙하는 순간부터 나의 통제권을 완전히 박탈당하는 공간이지 않은가.

아마 그래서일 것이다. 내 가족들과 그런 식의 갑작스러운 이별을 하고 싶지 않다는, 그래서 내가 통제할 수 없는 위험은 피하고 싶다는 마음이 긴 시간 비행기 의자에 앉아 있지 못하게 만든다.

그래서 나의 세계 지도는 동아시아를 크게 벗어나지 못한다. 물론 마음 한편에는 언젠가 꼭 가 보고 싶은 곳들이 있다. 아주 멀리 떨어진 나라에 가 보고 싶지만, 솔직히 갈 수 있을지는 모르겠다. 가장 가 보고 싶은 곳은 '하와이'다. 바다를 유난히 좋아하는 내게 하와이는 휴양관광지 이상의 로망이 있는 곳이다. 하지만 그곳은 늘 다음을 기약해야 하는, 닿을 수 없는 꿈의 여행지일 뿐이다.

어느 날, 한 친구 녀석과 소주를 한잔하면서 이런저런 수다 중에 하와이 사연을 털어놓은 적이 있다. 미국에서 오래 공부하고 한국에 돌아와 사업을 하다가 의뢰인으로 만나게 된 녀석인데, 여권에 여러 나라들의 도장이 가득 찍혀 있는 '글로벌맨'이다. 내 이야기를 듣고는 피식 웃더니 이런 말을 하더라.

"형님, 그럼 오키나와를 한번 가보세요. 하와이가 천당이면, 오키나와는 1,000당 바로 밑 999당 정도는 돼요."

"오홍… 리얼리? 오키나와라…."

그날 이후 거의 10년 가까운 시간이 흘렀지만, 그날 친구의 그 말은 잊혀 지지 않는다.

'흠… 오키나와는 999당….'

언젠가는 꼭 오키나와행 비행기를 타보겠다고 생각하고 있는데, 비행기는 여전히 좀 그렇다. 그래도 좋다. 이제는 현실적 대안이라도 있으니까.

나는 왜 '하와이'만 생각했을까? 답은 간단하다. 시선을 돌려볼 생각을 처음부터 하지 않았고, 또 999당짜리 천국이 옆에 있다는 것도 몰랐기 때문이다. 그 녀석의 말처럼 진짜 그 정도로 좋은지 가 보기 전에는 알 수 없지만, 말을 허투루 하는 놈은 아니니까 그냥 그렇게 믿고 있다.

4부 '여행 준비물 다섯 개' 편을 마무리하며, '오키나와' 이야기를 해 주고 싶었다. 우리는 지금까지, '원하는 반응을 얻어내고 나를 아껴주는 전략적 소통'에 관해 알아봤다. 가면무도회와 손자병법, 그리고 우리의 일상을 돌아보며 인간의 본성과 상대를 알고 내 마음을 아는 것의 중요성을, 개츠비의 일화로 인정 욕구를, 태권브이와 어벤져스의 대결을 보면서 인간의 방어기제를 살폈다.

성공적인 소통을 위해 꼭 고려해야 하는 타이밍, 소재, 방식의 궁합도 제인 오스틴과 종이접기, 해리 포터 이야기를 통해 생각해 봤다.

프로들의 소통 방식은 이런 것들 외에도 여러 가지 요소들이 추가된다. 각종 자잘한 기술들이 무수히 많지만, 그 모든 것을 완벽하게 해내는 것은 현실적으로 불가능에 가깝다. 게다가 모든 상황에서 상대를 완벽하게 분석하고, 나의 모든 것을 꿰뚫어 보며, 그에 맞는 최적의 타이밍, 소재, 방식을 100% 완벽하게 구사하는 것 역시 불가능하다. 그것은 어쩌면 꿈의 영역, 내가 가지 못하는 '하와이'와 같나. 그런 완벽함을 위해 정리된 자잘한 기술들에 시선을 두다 보면, 지레 지쳐서 나를 아껴주는 전략적 소통 자체에 다시 무관심하게 될지도 모른다. 그러나 녀석의 말처럼 999당에는 충분히 갈 수 있다.

'완벽하게는 아니더라도, 상대의 핵심적인 '인정 욕구'와 치명적인 '방어기제' 정도는 파악하려고 노력하는 것. 그리고 지금 이 순간, 내가 선택한 '타이밍, 소재, 방식'의 궁합이 대충이라도 맞을지 한 번쯤 고민해 보는 습관을 들이는 것.'

인정 욕구, 방어기제, 시점(타이밍), 소재, 방식. 이 다섯 가지는 일반 성인들이라면 누구나 알고 있는 개념들이다. 다만 중요하게 인식하지 못하고 살다가 이 글을 계기로 내 안의 밤하늘에 다시 빛을 드러내기 시작했을 뿐이다. 관심을 두지 않고 시간이 지나면 다시 빛을 잃고 어두워질 가능성이 99.99% 정도? 그래서 일부러 다섯 개를 하나로 묶어서 이름을 붙이지 않았다. 각자의 스타일대로 떠오르고 빛나기 시작한 별빛 5개를 이어 나만의 별자리로 만들어 보자. 그리고 이름도 각자 붙여 보자. 별자리는 잘 사라지지 않으니까. 참고로 나는 '오키나와 오각별'로 붙였다. 각자의 우주에서 오랫동안 빛나면서 전략적 소통의 나침반이 되어 줄 새로운 별자리의 이름을 꼭 붙여 보기를 바란다.

이 다섯 가지만 잘 선택하려는 노력을 습관화해도 고급 수준의 소통은 충분히 가능하다. 어지간한 관계의 파도 속에서 나를 지켜내고, 원하는 반응을 즐겁게 끌어낼 수 있다. 이미 가진 것만으로도 충분히 괜찮다는 사실을 꼭 알려 주고 싶었는데, 내 마음과 내용이 잘 전해졌기를 바란다고 끝내면! 또 금방 까먹을 거니까! 다 알고 있음. 까먹지 마시라고 한 번 더! 내가 붙인 오키나와행 별자리 이름은?

오키나와 오각별!
– **인정 욕구! 방어기제! 시점(타이밍)! 소재! 방식!**

뒷담 소리 10

찰스

아, 머리 아프다. 제인 오스틴 누나는 '타이밍'의 별을 보라고 한 거 같고, 종이접기 달인은 '소재'의 별, 올리밴더 아저씨는 '방식'의 별을 보라고 한다. 별이 너무 많아서 뭐가 뭔지 하나도 모르겠다! 이걸 언제 다 완벽하게 보고 쓰냔 말이다.

잠깐, 정텔러 이놈이 그랬지? 완벽한 '하와이'는 못 가도, 괜찮은 '오키나와'는 충분히 갈 수 있다고. 그럼, 이 별들을 다 따로 볼 게 아니라, 그냥 하나로 이으면 되는 거 아닌가?

타이밍, 소재, 방식. 그리고 인정 욕구랑 방어기제.

그래! 정텔러는 '오키나와 오각별'이라고 했지. 그럼 나는… 음… 뭐가 좋을까.

좋아! 정했다! '다섯 개만 기억하자 별'! 아니, 너무 길다. '다섯 개면 충분해 별'! 아, 이것도 별로다.

'꽃게 오남매 별'. 오… 이거 괜찮은데? 좋아. 이걸로 결정.

이제 나도 나만의 별자리가 생겼어!

5부

게소리 마음소리

열한 번째 소리. 마음소리

열두 번째 소리. 또 다른 나의 시작

들어보세요
당신의 게소리

열한 번째 소리

마음소리

11-1

갑자기 진지한 스토리텔러

한 살 두 살씩 나이를 먹을수록 분명해지는 것과 점점 더 어려워지는 것이 있다. 분명해지는 것 중 하나는 나이와 지혜의 깊이는 전혀 상관이 없다는 것이다. 일상에서 스쳐 지나가는 행인 1, 2, 3 모두가 나름의 가치관과 경험의 별빛으로 가득 찬 우주를 품고 사는, 이미 충분히 훌륭하고 이미 괜찮은 존재들이다. 세상에 만만한 사람이 별로 없다는 걸 알게 된 것은 직업이 선물해 준 행운이다.

점점 어려워지는 것 중 최고는, 칭찬과 조언이다. 당장은 좋게 보이고 옳다고 믿고 있는 것이 몇 년 후에는 무지와 어리석음의 증거로 밝혀진 적이 한두 번이 아니기 때문이다. 직업이 남의 좋은 점을 찾아내서 목표와 연결해 주는 일이라 사람을 볼 때 장점만 본다고 생각할 수 있겠지만, 오히려 장점만 보면 득보다 실이 많은 게 내 직업이다. 철저하게 '드라이한 시각'으로 바라보고 관찰해야 좋은 결과, 아름다운 별자리를 그릴 수 있다.

갑자기 이게 웬 쉰 소리? 이런 생각이 슬금슬금 올라오고 계신 분들을 위해서 우선 결론 먼저 열어 본다. 혹시 평소에 이런 생각을 하고 살았는가?

'나는 평범하고 부족한 게 많은 사람이야.'

그렇다면 축하한다. 그런 생각은 삶을 묵직하게 채우면서 살아왔다는 확실한 증거이고, 안에 꺼내지 않고 있는 경험과 생각이 수북하다는 말이니까. 나는 위로와 격려의 가치를 잘 알지만, 말로만 외치는 '파이팅!'을 그다지 즐기는 사람이 아니다. 오히려 지독한 현실주의자에 가깝다. 사실이 아닌 얘기는 나를 위해서도 입 밖으로 꺼내기 싫기도 하다. 그럼에도 불구하고 이렇게 자신 있게 말하는 이유는 오랜 현장 경험 덕분이다.

나는 평범하고 부족함이 많은 사람….

적어도 내 경험에 의하면 자신에 대해서 그런 생각을 안 하는 사람은 딱 두 부류다. 그리고 내가 말하는 경험은 단순한 개인적 감상이 아니다. 10대부터 80대까지, 물론 상대적으로 변화의 욕구가 가장 큰 삼사십 대가 압도적으로 많다는 한계는 있겠지만, 그래도 전 세대에 걸쳐 다양한 의뢰인들의 실제 변화를 같이 만들어 오며 축적한 나만의 임상 데이터라고 감히 자신할 수 있다.

두 부류 중 하나는 '특정 무대 위의 역할자로 훈련된 프로', 또 하나는 '사기꾼'이다.

남에게 피해 주는 것을 싫어하고 제법 정직하게 살아가는 사람들은 '지금의 나'에게 다른 옷을 입히는 것을 매우 어려워한다. 책과 인연이 잠깐이라도 닿은 분들에게 다른 것은 그냥 지나치더라도, 이 말은 꼭 들려주고 싶었다. 갑자기 진지해진 이유? 딱, 이것만큼은 백전노장의 경험을 한 번 믿어 보라는 말을 꼭 전하고 싶어서였다고 해도 절대 과언이 아니다.

한 사람 한 사람의 삶 속에는, 책 한두 권으로는 담을 수 없는 우주가 담겨 있다. 다만 그 우주를 스스로 '보잘것없는 공터' 정도로 여기고 있을 뿐이었다. 마음속에서 수없이 떠올랐다 사라지는 소중한 생각과 감정들을, 그저 '별 볼 일 없는 잡념'이라 이름 붙인 채 말이다.

예전에는 더 많은 지식과 더 나은 전략을 알려 주면 모든 것이 해결될 것이라 믿었다. 하지만 그것은 '지식의 저주'에 빠진 직업인의 흔한 착각이었다. 이미 자신의 가치를 아는 사람에게 기술은 유용한 무기가 된다. 하지만 자기를 믿지 못하는 사람에게 기술은, 오히려 더 큰 부담과 자괴감을 줄 뿐이다. '이렇게 하면 됩니다.'라는 정답을 제시하기는 쉽다. 하지만 그 정답을 말할 자격이 없다고 믿는 사람에게, 그 정답은 곧 사라지는 메아리에 불과하다.

그래서 나는 질문을 바꿔야만 했다. '무엇을 알려 줄 것인가?'

에서 '그들 안에 이미 존재하는 것을 어떻게 함께 발견할 것인가?'로.

특별한 계기가 없는 이상, 대부분의 사람들은 자신의 삶이 얼마나 가치 있는 서사인지 알지 못한 채로 살아간다. 밤하늘의 별들이 저마다 빛나고 있지만, 그 별들을 연결해 별자리를 만들기 전까지는 그저 무질서한 빛의 점들로 보이는 것과 같다. 경험과 생각이라는 수많은 별들을, 의미 있는 선으로 연결하여 하나의 '별자리'로 함께 발견해 나가는 과정. 내가 현장에서 해 온 일의 본질은 그것이었다.

전공과 희망 직업의 격차가 커서 고민하던 대학생 S군이 그랬다. S군은 누군가를 가르치는 일과 잘하진 못했지만 영어를 좋아했다. 언젠가는 영어 강사로 살고 싶었지만, 부모님의 뜻에 따라 다른 전공을 선택해야 했다. 대학 생활에 재미는 없었고 친구들과 갔던 외국 여행에서 영어 때문에 대형 이불킥 상황을 경험한 후 '영어 울렁증'이 찾아왔다. 그렇게 찾아온 영어 울렁증은 S군을 오랫동안 차갑고 어두운 뻘 속에 가둬 두고 있었다.

S군과 함께 그의 삶의 별을 하나씩 밝혀 보면서, 사실은 바로 그 외국에서 벌어진 이불킥 기억의 별이, 막연하게 동경하던 꿈의 직업까지 인도할 수 있는 별이라는 것을 확인했다. 그리고 그 별을 중심으로 근처에서 빛나던 노력과 오해, 경험의 별들을 찾아 이어가는 작업을 진행했다.

'영어 울렁증에 시달리던 평범한 대학생'이라는 기존의 스토리는 '영어 울렁증에도 꿈을 포기하지 않고 노력을 멈추지 않으

며 원인을 탐색해 온 청개구리 청년'의 스토리로 변신했다. '지금까지 생각해 오던 나'는 아니었지만, 거짓 없는 '또 다른 나'를 만난 S군. 쑥스러운 얼굴로 머리를 긁적이는 모습이 어제 일처럼 생생하다.

그 모습은 결국 초보 영어 스피킹 강사로 데뷔하고 그 스토리를 바탕으로 낸 책에도 그대로 담겼다. 그렇게 자기의 마음소리를 세상에 알리며 찾아온 다양한 기회를 활용해서, 지금도 활발하게 출판과 교육활동을 하고 있다.

한 중견 IT 기업의 K 과장도 그랬다. 그녀는 성실했고 실력도 있었지만, 회의에서는 늘 침묵했다. 아이디어는 다양했지만, 거절이나 공격받는 것을 싫어했기 때문이다. K 과장은 10년 이상의 직장 생활은 그저 '버텨낸 시간'일 뿐, 내세울 만한 '이야기'는 없다고 말했다. 그녀의 내면에는 '나는 평범하고 부족한 게 많은 사람'이라는, 관계 속에서 학습된 슬픈 이야기가 단단히 자리잡고 있었다.

우리는 그녀의 '평범했던' 시간과 경험을 칠판 위에 전부 펼쳐 보는 작업을 했다. 굵직한 프로젝트, 성공과 실패의 경험, 동료들과의 갈등과 협력, 그 과정에서 느꼈던 감정들까지. 처음에는 사실의 나열에 불과했던 그 기록들 속에서 일관된 패턴을 발견했다. 그녀는 언제나 위기 상황에 투입되었고, 겉으로는 불평하면서도 결국에는 문제를 해결해 냈으며, 그 과정에서 항상 새로운 기술을 익혔다는 사실이었다.

그 사실들을 재료 삼아, **'묵묵히 버텨낸 10년'이라는 기존의**

스토리를, '회사의 위기 때마다 해결사로 등판하여 팀을 구해낸 프로의 10년'이라는 새로운 스토리로 재구성했다. 단 하나의 거짓도 보태지 않았다. 그저 흩어져 있던 별들을 '해결사'라는 새로운 선으로 연결했을 뿐이다.

그 재구성된 자신의 이야기를 처음으로 마주한 K 과장은 한동안 말을 잇지 못했다. 그리고 멋쩍게 웃으며 이렇게 물었다.

"분명 제 얘기가 맞긴 한데… 제가 정말 이렇게 괜찮은 사람일까요? 이거 보면 동료들이 비웃을 것 같은데요."

'관계 속에서 상처받아 깊이 숨어 있던 또 다른 나'를 처음 만나는 순간의 전형적인 반응이었다. 거짓은 없는데, 그렇다고 온전히 '이게 바로 나'라고 선뜻 받아들이기도 쉽지 않은 첫 만남. 하지만 그녀는 이내 그 '새로운 나'를 자신의 것으로 받아들이기 시작했다. 말의 흐름을 자연스럽게 만들기 위해 반복해서 연습했다. 시간이 조금 지난 후, 회의에서 처음으로 자신의 목소리로 새로운 프로젝트를 제안했고, 그 제안이 통과되었다는 소식을 전해왔다. K 과장에게는 회의의 성공보다 자기 자신을 믿고 목소리를 낸 경험 자체가 더 큰 성공이었을 것이다.

10대 중학생의 소리부터 80대 예술인의 소리까지, 30대 초보 아빠의 소리부터 50대 제2의 삶을 꿈꾸는 엄마의 소리까지. 이 직업이 아니었으면 결코 알지 못했을 다양한 사람들의 이야기를 들었고, 그들과 울고 웃으면서 새로운 별자리를 만들어 왔다. 중간에 제자리로 돌아가는 사람도 많았고, 목표를 이루는 사람도 많았다. 결과는 달랐어도 그들이 보여준 고민의 형상은 크게 다르지 않았다.

우리는 무언가 새로운 것을 배우기 전에, 이미 가지고 있는 것을 제대로 정리하고 바라볼 필요가 있다. 자신의 경험과 생각을 재료로, 타인에게 보여주기 위함이 아니라 오직 나 자신을 위해, 세상에 내어 보일 최소한의 결과물을 만들어보는 경험이 필요하다.

나는 이처럼, 묻혀 있던 경험과 생각을 엮어 전략적 재해석과 소망을 담아낸 최초의 결과물을 '마음소리 MVP(Minimum Viable Product)'라 부른다. 그것은 완벽하지 않아도 괜찮다. 아니 완벽할 수 없다. 세련되거나 논리정연하지도 않다. 투박하고 거칠게 느껴진다면 그것이 정상이다. 갓난아기의 첫울음은 세상 어떤 웅변가의 연설보다 "나 여기 살아 있다."라는 마음의 소리를 진실하게 담고 있다. 원하는 반응을 얻기 위해 솔직한 마음을 담아 전략적으로 설계한 마음소리는 그 자체로 소중한 시작이다.

꼭 누군가를 설득하거나 멋지게 보이기 위함이 아니다. 그저 있는 그대로의 나를 정직하게 마주하고 인정해 주는 것, 나의 마음소리를 세상 무엇보다 아끼고 귀하게 들어주는 것, 이것들이 모든 것의 시작이다.

당장 누가 보는 것도 아니니까 이참에 같이 한번 만들어 보자.

11-2

찰스의 마음소리

찰스	정텔러! 니 말대로 어제 있었던 나쁜 친구 놈과의 일을 서사칠성으로 만들었다. 그다음은 뭐냐?
정텔러	(이놈, 계속 반말이네. 확 그냥 꽃게찜 해 먹을까?) 그런데 너, 몇 살인데 자꾸 반말이냐?
찰스	너도 한다, 반말. 계속 반말해라. 나는 지구 말은 코리아 반말밖에 모른다.
정텔러	아, 네. 그렇군. 나도 계속 반말했었군. 그러자 그럼 뭐 … 50이나 10이나 우주 나이로 치면 그게 그건데 그냥 계속 편하게 풀어 보자고.
찰스	뭔 소린지 모르겠다. 빨리 다음을 말해라.
정텔러	좋아. 그 '나쁜 돌쇠' 뼈대, 그거 왜 만들었어? 그걸로 뭘 하고 싶은데?

찰스 당연히 놈을 혼내 주는 말을 하기 위해서다. 내 억울함을 풀고, 다시는 그런 짓 못 하게 하고 싶다.

정텔러 음, 그것도 좋은 목표야. 근데 그건 너무 뻔한 활용법 아닌가? 찰스가 가진 그 경험이라는 '원석'은, 돌쇠한테만 써먹기엔 너무 아까운, 아주 비싼 물건이야.

찰스 다른 데 쓸데가 있다고?

정텔러 그럼. 얼마 전에 심청 씨 얘기 들어주고 와서 완전히 방전됐다고 했었지? 고맙다는 말까지 들었는데, 왜 내가 지치는 거지? 하면서 말이야.

찰스 그랬지. 그건 아직도 미스터리다.

정텔러 그게 바로 이 '나쁜 돌쇠' 이야기와 연결되는 지점이야. 심청 씨는 '거절 못 하는 성격' 때문에 에너지를 뺏기고, 너는 '불편한 말을 못 하는 침묵' 때문에 예정에 없던 밥값을 냈지. 본질은 똑같아. 둘 다 한 마디로 '나쁜 놈 되기 싫어서' 벌어진 일이라고.

찰스 아… 그럴 수도 있겠다.

정텔러 그래. 그러니 네 '나쁜 돌쇠' 경험담은, 지금 심청 씨에게 가장 필요한 '거울'이 될 수 있어. 네 실패담을 통해, 그녀가 자신의 문제를 객관적으로 보게 만들 수 있다는 거지. 어때, 근사한 활용법이지?

찰스 그녀를 돕는다는 건가? 뭐, 그것도 좋다. 그녀가 내 조언을 듣고, 더 이상 에너지를 낭비하지 않게 되면 보람 있을 것 같다. 난 경청을 잘하는 착한 외계인이니까.

정텔러 보람? 정말 그것뿐이야? 좋아, 질문 하나만 더 해보자. 만약 네 조언 덕분에 심청 씨가 큰 깨달음을 얻고, 너무 고마워서 "찰스, 내가 감사의 의미로 비싼 저녁이라도 대접할게."라고 말한다면, 기분이 어떨 것 같아?

찰스 음… 그야… 좋겠지. 하지만 그건 아니다. 순수한 마음으로 지구인 친구를 돕는 건데, 그런 보상을 바라면 안 된다. 그건 너무 치사하다.

정텔러 바로 그거야! 문제는 '보상'이 아니야. 진짜 문제는, 네가 '보상을 생각하는 자기 자신'을 '치사하다'라고 생각하고 있다는 사실이야.

찰스 치사한 거 아닌가? 심청 씨는 나를 믿고 자기의 아픈 마음을 보여줬는데, 나는 속으로 맛있는 저녁 같은 걸 생각하고 있었다면… 그건 그녀를 기만하는 거다.

정텔러 아니. 기만은 맛있는 저녁 식사를 생각하는 게 아니야, 찰스. **진짜 기만은, 네 '에너지 통장'에서 잔고가 쭉쭉 빠져나가는데도, '괜찮아, 나는 아무것도 필요 없어' 라고 상대를 속이는 거지.**

찰스 에너지 통장?

정텔러 그래. 누군가의 힘든 이야기를 들어주는 건 엄청난 에너지가 드는 일이야. 네 통장에서 심청 씨의 계좌로 '공감 에너지'가 이체되는 거라고. 일방적으로 보내기만 하니까 네 통장은 마이너스가 됐는데도, 넌 심청 씨한테는 괜찮은 척하고 있어. 그게 바로 '착한 거짓말'이고,

어쩌면 가장 위험한 기만이야.

찰스 말이 안 된다. 왜 그게 가장 위험한 기만이냐? 지구인들은 너무 치사하다.

정텔러 좋아. 그럼, 한번 생각해 보자. 그렇게 네 에너지 통장이 마이너스가 되면 어떻게 될까? 처음엔 괜찮아. 하지만 그다음, 또 그다음에 심청 씨가 계속 전화를 걸면, 너는 무의식적으로 심청 씨를 부담스럽게 생각하고 피하게 될 거야. 왜? 너의 통장은 이미 바닥났으니까. 결국 '괜찮은 척'했던 너의 그 '착한 거짓말'이, 정작 심청 씨가 진짜 도움이 필요할 때 네가 곁에 있어 줄 수 없게 만드는 거야. 친구를 돕고 싶다는 선한 마음이, 결국 친구를 멀리하게 되는 최악의 결과로 이어지는 것. 이것보다 더 큰 배신이 있을까?

찰스 음… 내가 '괜찮다.'라고 밀하는 것이, 결국엔 좋지 않은 길일 수도 있다는 거냐?.

정텔러 맞아. 반대로, '나 지금 에너지가 방전됐으니, 맛있는 걸로 충전해야겠다.'라는 솔직한 욕구를 인정한다면 어떨까? 그건 "나는 이 관계를 앞으로도 건강하게 계속 이어가고 싶다."라는 가장 본능적이고 진솔한 신호야. 관계를 망치는 게 아니라, 오히려 지키는 힘이 되는 거지.

찰스 나의 솔직한 욕구를 인정하는 게, 오히려 관계를 지키는 방법일 수도 있다?

정텔러 당연하지. 그걸 인정하는 데서 모든 게 시작돼. 맛있는 저녁을 먹으면 좋겠다는 생각은 그냥 치사한 게 아니야. 그건 네 '에너지 통장'의 잔고를 채우는 저축이고, '나는 이 관계를 계속 이어가겠다.'라는 너의 의지를 상징하는 거야. 그러니 죄책감 없이, 당당하게 원해도 돼. 자, 그럼 다시 한번 물어볼게. 지금 너에게 가장 필요한 것, 네가 심청 씨를 도와주는 대가로 얻고 싶은 최고의 보상은 뭐야?

찰스 좋다! 그럼 난, 자연산 광어회! 지구의 광어회는 정말 맛있더라. 그런데 자연산은 더 맛있다고 해서 꼭 먹어 보고 싶었다!

정텔러 하하하! 그래, 바로 그거야! 좋아, 그런 소망은 아주 명확하고 솔직하게 인정하는 게 시작인 거야! 그럼, 이제 우리의 진짜 목표는, 단순히 심청 씨를 돕는 게 아니야.

'찰스가, 자신의 '나쁜 돌쇠' 경험을 활용하여 심청 씨에게 깊은 깨달음과 용기를 주고, 그 결과 그녀가 진심으로 기뻐하며 대접하는 자연산 광어회를 얻어먹는 것.'

이 위대하고 장엄한 목표를 달성하기 위한, '마음소리'를 지금부터 설계해 보자고!

찰스 좋다! 그럼, 이제 이대로 나의 솔직한 마음을 담은 '마음소리'를 심청 씨한테 전하면 되는 건가?

정텔러 잠깐. 아주 중요한 단계가 하나 더 남았어. 자, 이제 그 '자연산 광어회'라는 너의 원대한 소망을, 심청 씨의 '현실'이라는 테이블 위에 한 번 올려 보는 거야.

찰스 현실? 그게 무슨 말이냐?

정텔러 너의 그 '솔직하고 당당한 요구'가, 심청 씨에게는 어떻게 들릴지 생각해 봐야 해. 궁합을 맞춰 보는 거지. 너는 지금 심청 씨의 상태를 누구보다 잘 알고 있잖아. 그녀가 지금 '자연산 광어회 특대'를 기쁜 마음으로 살 만한, 마음의 여유나 재정적 여유가 있는 상태인가?

찰스 그걸 내가 왜 신경 써야 하냐? 나는 그녀를 도왔고, 정당한 보상을 원하는 거다. 그녀의 사정까지 봐주는 건, 또 다른 '배려' 아닌가? 그건 '나 중심 소통'이 아닌 거 같다.

정텔러 아니. 그게 바로 진짜 '나 중심 소통'이야. 이건 그녀를 위한 '배려'가 아니라, 너의 성공 확률을 극적으로 높이기 위한 '전략적 판단'이거든.

찰스 전략적 판단?

정텔러 그래. 만약 심청 씨가 지금 당장 카드값에 쪼들리는 상황이라면, 너의 자연산 광어회 요구는 어떻게 될까? 아무리 네 조언이 훌륭했어도, 그녀는 당황스러움과 부담감을 먼저 느끼게 될 거야. 그럼, 너의 '위대한 목표'는 그냥 '눈치 없는 일방적 요구'로 끝나버리는 거지.

찰스 아…

정텔러 '나 중심 소통'은, 내 욕망을 일방적으로 표출하는 게 아니야. **상대방의 상황과 현실을 고려해서, 내 욕망이 가장 부드럽고 효과적으로 받아들여질 '최적의 경로'를 설계하는 것. 그게 진짜 고수들의 방식이지.** 만약 그녀의 재정 상태가 좋지 않다는 판단이 들면, 자연산 광어회 대신 그녀가 부담 없이 살 수 있는 알탕이나 김치찌개 정도로 목표를 수정하거나 재정 상황이 좋아지면 자연산 광어회를 사라고 말해 주는 유연함이 필요한 거지.

찰스 알겠다. 내 소망을 이루기 위해서는, 역설적으로 상대방의 현실을 더 냉정하게 분석해야 한다는 거군. 좋아. 심청 씨는 유능한 수학 강사고 학원도 잘 된다는 거 같으니까, 특대 자연산 광어회 한 번 정도는 충분히 살 수 있는 재력이 된다. 그리고 지금 그녀에게 필요한 건, 돈보다 관계를 만들어 가는 방법을 찾고 정신적 피로를 회복하는 것이니, 이 정도의 투자는 오히려 즐거워할 가능성이 높다. 내 소망과 이 상황과의 궁합은… 잘 맞는 것 같다.

정텔러 완벽해. 그렇게 '나의 소망'과 '상대방의 현실' 사이에 다리를 놓는 것. 그게 바로 '마음소리'가 진짜 전략이 되는 순간이지! 자, 이제 모든 분석이 끝났으니 시작해 보자. 머릿속에 흩어져 있는 생각들을 하나의 '핵심 대본'으로 정리해 볼 시간이야.

찰스 핵심 대본?

정텔러 응. 남에게 보여줄 게 아니니까, 필터링 없이, 너의 솔직한 속마음과 전략을 그대로 담아서. 찰스, 네가 이 모든 분석을 바탕으로 심청 씨에게 하고 싶은 말의 '가장 정직한 버전'을 한번 써 보는 거야. 자연스러운 흐름으로 말이야.

찰스 알겠다. 그럼 어떻게 하는 건지 말해라. 빨리!

정텔러 응, 근데 내가 너한테 빚진 거 있냐? 맛있는 거 사는 것도 없이 왜 자꾸 빨리하라고 보채! 독자들은 책값이라도 썼지만 넌 뭔데 자꾸 빚쟁이처럼 독촉하는 건데?

찰스 응, 난 출연료 안 받는다. 퉁쳐라.

11-3

서분연목(敍分連目)

정텔러 좋아. 그럼, 이제 따라 해봐. '서. 분. 연. 목.'

찰스 서분연목?

정텔러 맞아. 서분연목! 이 네 글자를 까먹지 말고 꼭 기억해봐. 지구 라이프가 많이 편해질 거야.

찰스 뭔 말인지도 모르는데 어떻게 외우냐. 빨리 말해 봐라. 서분연목이 뭔지!

정텔러 서분연목, 이건 일종의 공식이야. 마음소리 설계도 같은 건데, 전문 컨설팅 회사들의 문제 해결 방식, 고전적인 연설 구조, 특정 교수법 등에도 널리 사용되는 구조라고 보면 돼. 이 서분연목 공식에 따라, 네 머릿속에 흩어져 있는 경험과 생각들을 하나씩 연결하면 되는 거야. 이건 네가 전하고 싶은 솔직한 마음을 스케치하는 작업이야. 안심하고 프로들의 무기를 네 것으로 만들어 보자고.

우선 첫 단계, '서(敍)'는 서사를 의미해. 일상에서 경험했던 일을 서사적 사실로 풀었잖아. 서사칠성 기억나지? 전에 완성했던 '나쁜 돌쇠' 이야기의 뼈대 말이야. 감정은 완전히 빼고, 사실만 다시 한번 읊어봐.

찰스 알겠다. 우선, 돌쇠가 치맥을 제안해서 만났고, 신나게 이야기를 들어주다가 계산할 때 급한 전화가 왔다고 자리를 나갔고, 결국 내가 돈을 냈다. 나는 그놈이 '밥값 빌런'임을 알게 되었다. 이렇게?

정텔러 좋아. 그 정도면 충분해. 이제 **두 번째 단계, '분(分)'.** 이건 분석을 의미하는 거야. 그 경험을 찬찬히 분석해 보고 메시지를 뽑아내는 거지. 일단, 제일 처음 뽑아 본 메시지가 뭐였지?

찰스 음… 나의 침묵이 빌런을 만든다. 이거다. 아… 생각하니까 또 화난다.

정텔러 맞아. 그거였지. 꾹 참고 조용히 있으니까 그래도 되는 건 줄 알고, 돌쇠는 자기도 모르는 사이에 '밥값 빌런'이 된 거였지. 아마 돌쇠는 자기가 그런 존재가 되었다는 사실을 잘 모를 거야. 그냥 항상 그래왔으니까. 그건 그렇고, 또 다른 메시지를 뽑아 볼 수도 있으니까, 계속 생각해 봐.

찰스　다른 메시지? 그놈이 빌런이라는 거 말고 뭐가 또 필요하냐?

정텔러　지금 당장은 필요 없을지 모르지만, 그래도 일단 생각해 보는 거야. 일종의 훈련 같은 거지. 다른 상황에서도 그 경험을 활용할 수 있도록 말이야.

찰스　일단 알았다. 그럼, 음… 아, 이거 생각이 잘 안 난다. 되는 거 맞는 거냐?

정텔러　당연히 되는 거지. 처음이라 낯선 것뿐이야. 소통의 고수들은 하나의 경험에서 다양한 메시지를 뽑아낼 수 있거든. 예를 들면 이런 메시지는 어때? 내 마음과 상대방의 마음은 항상 같지 않다는 것. 너는 돌쇠의 치맥 제안을 받았을 때, 아마 이런 생각이 들었을 거야. 예전에 돌쇠 이야기를 경청해 줄 때 돌쇠가 고맙다고 말하면서 언제 밥 한번 산다고 했던 말이 기억나서, 당연히 이번에 돌쇠가 치맥을 살 거라고 생각했을 거 같은데, 맞나?

찰스　아, 맞다. 생각해 보니 그랬다. 나는 아무 생각 없이 그때 돌쇠가 했던 말이 있으니까, 이번에는 당연히 그놈이 사는 건 줄 알았다. 그래서 더 화가 났었다.

정텔러　그거야. 그렇게 **메시지를 다각도로 뽑아 보려는 시도를 하면, 잊고 있었던 감정의 뿌리도 찾아볼 수 있고 점점 더 상황을 해석하고 다양한 의미를 부여하는 게 익숙해지거든.**

찰스　아하. 그럼, 지구인의 마음은 같은 상황에서도 다른 마음을 가지고 있다는 걸 또 다른 메시지로 하자. 다음은 뭐냐?

정텔러 오케이. 이제 다각적 메시지 도출의 개념을 알았으니까, 나중에 심심할 때 다른 메시지를 뽑아 보는 연습은 꼭 해봐. 이건 정말로 좋은 습관이거든. 자, 이제 다시 심청 씨에게 전하고 싶은 마음소리 이야기로 돌아가자.

찰스 그래, 나는 일단 '나의 침묵이 밥값 빌런을 만든다'라는 얘기를 심청 씨한테 꼭 해 주고 싶다.

정텔러 훌륭한 선택이야. 그럼 세 번째 단계로 넘어가 보자. **세 번째는 '연(連)'.** 이건 연결을 의미하는 거야. 네가 방금 선택한 그 메시지를, 심청 씨의 상황과 어떻게 연결해서 적용할 수 있을까?

찰스 그건 쉽다. 나의 '관계를 망치기 싫다는 침묵'이 돌쇠를 빌런으로 만들었다. 그녀도 똑같다. 심청 씨의 '좋은 사람이 되고 도움을 주는 사람이 되고 싶다는 마음에서 시작한 침묵'이 그녀 주변의 사람들을 에너지 모기로 만들고 있다… 이렇게 연결하면 된다.

정텔러 오, 빠른데? 꽤 적응을 잘하는군.

찰스 나 우주선 타고 지구로 날아온 놈이다. 무시하지 마라.

정텔러 아, 맞다. 그렇지. 지구 말을 잘 못한다고 하니까 자꾸 나도 모르게 너의 이해력도 부족한 거로 착각하게 되는 거 같다. 조심할게.

찰스 괜찮다. 내가 만난 지구인들 다 그렇다. 말을 안 하면 지능도 낮을 거라고 생각하는 거 같더라. 그냥 바보들의 합창이려니 하고 있다. 빨리 다음이나 말해 봐라.

정텔러 오케이. 알았어. 그럼, 이제 **마지막 단계, '목(目)'. 목표를 의미하는 거야.** 이 모든 과정을 거쳐, 네가 궁극적으로 원하는 목표가 뭐였지? 아주 솔직한 목표 말이야.

찰스 자연산 광어회! 특대로!

정텔러 그래. 바로 그거였지. 자, 그럼, 방금 우리가 나눈 이 네 가지 조각, '서-분-연-목'을 순서대로 합치기만 하면 돼. 그게 바로 네 머릿속에만 존재하는, 너를 위한 첫 번째 '마음소리'가 되는 거야.

찰스 알겠다. 서사, 분석, 연결, 목표. 서. 분. 연. 목. 이 순서대로 내 생각을 정리하는 거 이해했다. 해보겠다.

[찰스의 마음소리 MVP 버전1]

서 : 서사적 사실

내 친구 돌쇠가 먼저 '치맥 한잔하자.'라고 해서 만났다. 즐겁게 식사를 마쳤지만, 계산서가 나오자 돌쇠는 갑자기 중요한 전화가 왔다며 밖으로 나갔다. 결국 또다시 나 혼자 모든 값을 계산했고, 잠시 후 돌아온 돌쇠는 '다음엔 내가 꼭 살게!'라고 말했다. 이 경험을 통해 나는, 돌쇠가 바로 '밥값 빌런'이라는 사실을 객관적으로 인지했다.

분 : 분석과 메시지

이 경험의 핵심은 '돌쇠가 나쁘다'가 아니다. '관계를 망치기 싫어 침묵한 나의 소극적인 태도'가, 그에게 '이렇게 행동해도 괜찮다'는 잘못된 신호를 주었고, 결과적으로 그를 '빌런'으로 만들고 관계를 악화시켰다는 점이다.

연 : 연결과 적용

이것은 타인의 감정을 모두 수용하며 '괜찮다'라고 말하는 심청, 너의 상황과 본질적으로 같다. 너의 선한 침묵이, 역설적으로 너의 에너지를 착취하는 사람들에게 "나를 함부로 대해도 좋다"는 허락의 신호를 보내고 있는 것이다.

목 : 목표와 소망

따라서, 나는 나의 이 값비싼 실패담을 너에게 공유하여, 네가 이 파괴적인 패턴을 끊어낼 수 있는 '깨달음'이라는 가치를 제공하고자 한다. 그 가치 있는 조언에 대한 정당한 보상으로, 너는 나의 소진된 에너지를 채우고 우리의 공동 성장을 축하하기 위해, 나에게 자연산 광어회 특대를 사야 한다.

정텔러 하하하! 아주 좋아. 아주 솔직하고, 강력하고, 원하는 게 뭔지 명확하게 담겨 있네.

찰스 이게 좋다고? 나는 너무 공격적이고, 이기적인 것 같다.

정텔러 그렇게 느껴지는 게 당연하지. 그런데 바로 그거야. 이게 바로, 네가 네 자신에게 "나는 이걸 원해도 괜찮다."라고 허락하는, 아주 중요한 마음의 소리인 거야. 남의 시선, 사회적 체면 같은 껍데기를 다 벗겨낸, 너의 가장 정직한 욕망의 결정체지. **지구인들은 이런 자기의 욕망 자체를 부정하려는 경향이 아주 강해. 그렇게 교육받아 왔기 때문에 어쩔 수 없는 현상이지만, 그런 경향이 심화하면서 부작용도 점점 커지거든.**

찰스 뭔가 복잡하다. 일단 알겠다. 그럼, 이제 심청 씨한테 가서 이대로 말을 하면 되는 거냐?

정텔러 에이, 아니지. 만약 그렇게 하면 심청 씨 도망간다. 이건 아직 나 자신을 설득하기 위한 대본일 뿐이야. 이 '날것의 마음소리'를 그대로 심청 씨에게 들려주면, 특대 자연산 광어회는커녕 관계 자체에도 금이 갈 수 있어. 이건 아직 남에게 들려줄 '말소리'가 아니야.

찰스 음, 알겠다. 근데 이 순서가 논리적이라는 건 알겠다. 하지만, 이게 현실적으로 가능한 거냐? 소통에 능숙한 지구인들, 네가 말했던 '프로 눈치러'들은 정말 이렇게 복잡한 과정을 거쳐서 대화를 하나?

정텔러 에이, 설마. 소통할 때마다 이런 과정을 거치면 겁나서 누굴 만나겠어. 이건 그냥 훈련 과정일 뿐이야. **이 연습을 의식적으로 반복하면 나중에는 무의식중에 자동으로 이렇게 흘러가기 시작하거든. 마음속에 길이 생기는 거야. 마음소리가 다니는 길. 바로 마음소릿길!** 그리고 이건 내 맘대로 혼자 만들어낸 개념도 아니야.

이미 오래전부터 아는 사람은 알고 있는 개념이야.

찰스 진짜? 오래전부터?

정텔러 진짜지. 개인들이 이해하기 좋게 조금 다듬고 익히기 좋게 '서분연목'이라고 이름을 붙였을 뿐이지, 이 구조의 본질은, 지구에서 가장 논리적이고 설득력이 필요한 수많은 전문 영역에서 이미 검증된 '전략적 사고의 틀'과 같은 개념이거든.

찰스 전문 영역?

정텔러 그럼. 예를 들면 상대의 마음을 얻어야 하는 협상이나 대중을 설득해야 하는 상황, 전문 컨설팅 회사의 문제 해결 방식, 학생을 이해시켜야 하는 교육자 등 여러 분야의 전문가들이 최고의 성과를 내기 위해 암묵적으로 사용하는 사고방식의 기초가 바로 이 구조 안에 다 녹아 있어. 그 강력한 원리를, '일상의 경험'이라는 재료를 가지고, '마음소리'를 만드는 데 가장 최적화된, 가장 쉽고 실용적인 형태로 다듬어서 완성한 거야.

찰스 알겠다. 그러니까 이건 그냥 나 혼자 하는 이상한 연습이 아니라, 이 분야에서 훈련된 지구인들이 사용하는 기술을 배우는 거였다고 이해하겠다.

정텔러 빙고. 바로 그거야. 그리고 너는 지금, 그 기술을 너의 것으로 만들고 있는 거지. 이건, 네가 생각하는 것보다 훨씬 더 강력한 지구의 생존 무기야.

찰스 그럼, 이건 심청 씨한테는 도대체 어떻게 쓰면 되는 거냐? 그냥 연습용으로 내 마음에만 남겨 두고 따로 쓸모는 없는 건가?

정텔러 아니. 가장 쓸모 있는 거야. 이것이야말로 네가 앞으로 내게 될 모든 '말소리'의 단단한 '뼈대'이자 '설계도'거든. 이제 이 훌륭한 설계도를 가지고, 심청 씨가 기분 좋게 지갑을 열 수 있게, 자연스러운 말소리로 다듬는 과정이 남아 있을 뿐인 거지.

……

자신감은 '내가 무언가를 해낼 수 있다.'라는 믿음에서 나온다. 그리고 이 믿음은 아주 작은 '성공 경험'을 통해 쌓인다. 머릿속으로만 '기분 나빠.'라고 생각하는 것과, 그것을 '자연산 광어회를 사라'는 구체적인 '요구'의 형태로 직접 써 보는 것은 완전히 다른 차원의 일이다. 보이지 않는 마음의 소리를 일정한 규칙에 따라 글말로 써서 시각적 결과물로 만들어 보는 행위는, 막연한 감정을 목표를 가진 전략으로 바꾸는 첫 번째 '행동'이다.

나의 정직한 소망을 글말로 명확하게 했다는 성공 경험은, 자기 자신에게 "아, 나도 내 마음을 정확하게 읽고 당당하게 요구할 수 있는 사람이구나!"라는, 가장 기초적이고 단단한 '자신감'의 씨앗을 심어 준다. 물론 그 뒤에 작은 성취라는 햇빛이 이어질 때 열매를 따 먹을 수 있게 되겠지만, 이 작은 출발조차 하지 않고 사는 사람들이 대부분이다.

소위 '착한 사람들'이 경험하는 공통적인 비극은, 타인을 속이기 전에 '자기 자신'을 먼저 속인다는 점이다. "나는 보상을 원하지 않아.", "나는 괜찮아."와 같은 거짓말로 자신의 진짜 욕구를 억누른다.

'마음소리'라는 안전지대 안에서, 찰스가 "광어회를 사라. 특대로!"라고 써 보는 순간, 그는 처음으로 자신의 욕망과 솔직하게 마주할 수 있었다. 남에게 보여 주기 위함이 아닌, 오직 나 자신에게 하는 이 정직한 고백은 "너의 욕망은 틀리지 않았어. 너는 그럴 자격이 있어."라고 말하는 것과 같다. 가장 순수한 형태의 자기 존중, 자존감이 양식되는 출발이 된다.

이렇게 가장 정직한 마음소리의 설계도를 갖게 된 찰스. 만약 이 설계도를 그대로 읽는다면, 찰스는 영락없는 외계인, 낯설고 비인간적인 이방인처럼 보일 것이다. 그럼, 다음 단계는?

다음 단계는, 안타깝게도 왕도나 공식이 없다. 왜냐하면, 지금부터는 각자가 가진 고유의 매력을 입히는, 지극히 개인적인 '창조'의 영역이기 때문이다. 이제 찰스가 할 일은 이것이다. 이 설계도에 담긴 '전략의 흐름'을 따르는 선에서, '나의 말투'로, '나의 단어'로, '나의 리듬'으로 소리 내어 말해 보는 연습이다. 거울을 보면서 해도 좋고, 혼자 이불을 덮고 누워서 해봐도 좋다. 어색해도 괜찮다. 어색하지 않으면 오히려 이상하다. 더듬거릴 수도 있고, 자꾸 망설여져서 생각보다 말이 잘 안 나와도 괜찮다. 아직 길이 닦인 상태가 아니니까 너무나도 당연한 현상이다.

그 어색한 첫 '입말'이야말로, '나의 머리와 마음속에 담겨 있던 소망'이, 마침내 심장을 거쳐 세상 밖으로 나오는, 나를 귀하게 여기고 아껴 주는 전략적 소통의 첫걸음이다.

……

해보고 한 달 안에 진짜 변화가 느껴지면, 자신의 감각을 믿고 시도해 본 자기 자신에게 감사의 의미로 자연산 광어회 쏘기. 특대로!

*저자의 인스타그램에서 서분연목 워크시트를 만나 보세요.

@storyteller_jhs

11-4

돌쇠는?

찰스　오케이, 정텔러. 마음소리를 말소리로 연결하는 연습까지 빡시게 해보겠다. 근데 말이야. 그 나쁜 돌쇠, 그 녀석은 어떻게 해야 하지? 생각할 때마다 기분이 영 안 좋다.

정텔러　찰스. 밥값 빌린을 자주 반난다는 건 그만큼 활발한 사회적 관계를 맺으면서 살아간다는 의미 아닐까? 장을 많이 담그면 담글수록 구더기가 많이 생기는 것과 같은 거야. 그러니까 장맛에 집중해 봐. 밥값으로 다툼을 벌이는 건 잘해야 본전이고, 대부분 자기에게도 손해로 돌아오거든. 지구의 바다에는 파도가 치고, 겨울에는 눈이 오는 것과 같다.

찰스　아, 뭔가 복잡한 거 같으면서도 단순한 거 같다.

정텔러　맞아. 찰스가 지구에서 살아가려면 우선 이 진리를 받아들이고, 그것이 불필요한 감정 소모로 이어지지 않도록 하는 것이 중요할 거야. 전략적 소통이란 무조건 통쾌함과 승리를 위한 것이 아니거든. 때로는 피하는 것이 가장 전략적인 선택일 수 있는데, 밥값 빌런이 바로 그 경우다.

찰스 피하는 것이 전략적인 선택이 될 수도 있다고?

정텔러 맞아. 최고의 전략은 다툼 없이 목표까지 가는 거야. 나를 아껴 주면서 즐겁고 행복한 지구의 삶을 이어가려면 사회적 소통은 거의 필수거든. 그런데 돌쇠 같은 밥값 빌런은 특정 시기에 한 명이 아니라, 평생에 걸쳐서 여러 모습으로 출몰할 거야. 그리고 각각의 빌런 뒤에는 수많은 사연과 이유가 존재하기 때문에 정답을 내린다는 것이 불가능해. 다른 지구인들과 같이 그 빌런을 흉보는 것은, 결국 자신에게 스크래치를 안겨 준다는 걸 잊지 않는 게 좋을 거야.

그러니까 찰스.

쫄깃한 자연산 광어회는 때마다 잘 챙기고, 조그만 밥값은 흘려보내는 여유를 꼭 장착해 보자고!

11-5

그냥 하는 놈 vs 알고 그냥 하는 놈

가끔 대중에게 얼굴과 이름이 알려진 직업인들과 협업할 기회가 생긴다. 연예인이나 프로 스포츠 선수, 가수나 배우 같은 사람들을 눈앞에 마주하면 신기하기도 하고, 이런 사람들과 인연이 닿은 나도 조금 특별한 사람이 된 것 같은 착각에 빠지기도 했었다. 화면을 통해서만 보던 사람들에 대한 일종의 환상 같은 게 있었는데, 생각해 보면 참 어리석은 생각이다.

화려한 스포트라이트가 꺼지고 무대에서 내려온 그들의 모습은 일명 '일반인'들과 크게 다르지 않다. 대부분은 '일반인'들에 비해 상대적으로 지갑이 조금 두둑하다는 특징은 있지만, 그만큼 마음속에 감춰져 있는 불안감도 더 크다. 언제든 잊힐 수 있다는 불안감 말이다.

아래는 은퇴한 프로야구 선수 홍길동 씨와 그의 사업 때문에 만난 자리의 대화 중 일부다.

"이번에 잘 안돼도 괜찮습니다. 타석에 올라가면, 언제나 안타를 칠 순 없는 거니까요. 방향만 잘 잡고 계속 휘두르다 보면, 언젠간 홈런도 나오는 법이죠."

"길동 씨. 야구는 열 번 타석에 올라가서 세 번만 안타를 쳐도 성공이죠?"

"그렇죠. 세 번이면 3할 타자니까요. 그런 타자는 팀의 중심이고 연봉도 높아요."

"비즈니스는 좀 다릅니다. 한 번만 제대로 아웃 돼도, 그 대가가 제법 크거든요. 길고 어두운 동굴로 들어가는 거죠. 카드값과 각종 청구서가 쌓이고… 결국엔 신용불량자 신세가 될 수도 있어요. 야구를 무시하는 건 아닙니다. 다만, 그 룰이 이쪽 필드 현실엔 안 맞을 수도 있다는 말입니다."

홍길동 씨처럼 사람들은 자기가 살아온 세상과 경험을 중심으로 세상을 바라보고 해석한다. 당연한 일이다. 그래서 나는 스포츠 선수들이나 무대 위에 올라 유명해지는 직업인들의 메시지가 무차별적으로 퍼지는 것이 조금 안타깝다.

"스트레칭을 할 때 무슨 생각을 하세요?"

"그냥 하는 거지, 무슨 생각을 해…."

김연아가 한 방송사 제작진의 질문에 웃으면서 덤덤히 답하는 이 장면은 한국 사회에 깊은 인상을 남겼다. **수만 시간의 훈련으로 체화된 전문성이 "그냥"이라는 단어로 압축된 순간이었다.** 이 장면은 인터넷 밈이 되고 자기 계발 콘텐츠의 단골 소재가 되었다. 이후 대중에게 전달되는 과정에서 심각한 왜곡이 일어났다. '성공하는 사람은 그냥 한다'라는 단순한 명제로 변질되면서, 마치 준비나 고민 없이도 성공할 수 있다는 잘못된 신호를 보내기 시작한 것이다. 연예인, 운동선수, 일부 동기부여 강사들의 입을 통해 쏟아져 나오는 "그냥 해라.", "일단 시작하라."는 조언들이 넘쳐나고 있다. 손흥민, 유재석 같은 저 멀리 다른 별에서 살고 있을 것 같은 최고 스타들의 이야기를 소재로, 이 땅을 대부분 차지하고 있는 사람들에게 말한다.

"생각 좀 그만하고 일단 그냥 해!"

물론 완전히 틀린 말은 아니다. 생각만 하다가는 아무것도 못할 수 있다는 건 분명히 사실이니까. 나도 잘 안다. 그래도 마음 깊은 곳에서 올라오는 안타까움은 어쩔 수 없다. **'그냥 하는 놈'과 '알고 그냥 하는 놈'은 본질적으로 다르기 때문이다.** 전자는 약간 무의식적이고 도전적 행동을 의미하지만, 후자는 충분한 준비와 경험을 바탕으로 한 의식적 선택이다. 김연아의 "그냥"은 분명 후자에 해당한다. 어린 시절부터 시작된 혹독한 훈련과 끊임없는 자기관리가 만들어낸 결과물이다.

일상의 경험을 활용해서 소통의 효율을 높이고 꿈을 이룰 수 있다는 말은 새로운 말이 아니다. 이미 그 가치를 알고 있는 사람들은 진심을 담아서 좋은 것을 알려 주려 노력한다. 그리고 말한다.

"일단, 시작을 해보라고! 그럼 된다니까!"

그런데 현장에서는 조금 다른 일이 벌어진다. 그것도 매우 많이 말이다. 자신에게 쉬운 일이라고 남들도 쉬울 리가 없다. 어떻게 접근해야 하는지 순서와 체계를 모르면 찾아오는 결과는 막막함과 이어지는 포기다.

우리가 진짜로 배워야 할 것은 "그냥 하라"는 결론이 아니라, 그 "그냥"이 가능하게 만드는 과정이 아닐까? 충분한 학습, 체계적인 준비, 지속적인 연습이 선행되어야 한다는 것이다. 김연아가 "그냥"이라는 말을 웃으면서 덤덤하게 할 수 있었던 것은, 모든 준비가 완료된 최고의 프로였기 때문이다.

지금까지 지나왔던 주인공 바꿔보기, 일상의 경험 분해하기, 하나의 경험에 다각적 메시지 담아보기, 나만의 5개 소통 별자리 기억하기, 서사칠성과 서분연목으로 내 일상에 서사와 메시지 담아보기 등은 기술적 방법론이다. 나를 아껴주면서도 원활한 소통이 가능하게 하는 고효율 접근법이고, 개인이 체화시키면 좋을 순서와 체계다. **지금부터 그냥 하는 것은, 알고 그냥 하는 것이다.**

혹시 일상의 경험을 "그냥 활용하라"는 메시지만 들어 왔다면, 앞으로… 웅? 잠깐! 지금 내가 신나게 폼 잡고 떠들고 이 말은 제대로 된 조언인가? 나는 다 알고 있다는 착각에 빠진 소위 '꼰대'의 시각인가? 허, 참… 쉽지 않군.

어쨌든, 말소리와 마음소리 연습은 그냥 하는 것보다 처음에 조금 천천히 가는 것 같고, 살짝 답답해도 일정한 공식에 따라 기초를 잡고 반복해서 하는 연습이 최고로 빠르고 최고의 결과를 만든다는 것! 잊지 말기를.

뒷담 소리 11

심청

여보세요? 찰스! 무슨 일이야?

찰스

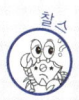

심청! 나랑 만나자. 너한테 꼭 해 줘야 할 말이 생겼다. 어쩌면 네 인생을 바꿀 수도 있는, 아주 중요한 이야기다.

심청

어머, 뭔데 그래? 궁금하게. 좋아! 언제 볼까?

찰스

그 이야기는 아주 비싼 거니까, 공짜는 아니다. 자연산 광어회, 특대로. 네가 사는 거다. 장소랑 시간 정해서 다시 전화해라.

들어보세요
당신의 게소리

열두 번째 소리

또 다른
나의 시작

12-1

내 머릿속 보이저 1호

1977년 8월 20일, 인류 역사에서 볼 수 없었던 특별한 여행 하나가 시작되었다. 보이저 1호가 타이탄 로켓에 실려 우주로 발사되던 그 순간, 아무도 이 작은 탐사선이 46년 후에도 여전히 신호를 보내오며 인류와 소통하고 있으리라고는 상상하지 못했다. 보이저 1호가 특별한 이유는 단순히 먼 거리를 여행했기 때문만은 아니다. 천문학과 물리학 등 여러 첨단 과학이 만들어 낸 특별한 방식의 항해로 더욱 주목을 받았다고 하는데, 기술적인 부분이 궁금하면 각자 찾아보시길.

내 관심은 보이저 1호에 실린 '골든 레코드'의 이야기다. 칼 세이건이 주도한 이 프로젝트는 외계 생명체를 위한 인류의 자기소개서였다. 베토벤의 9번 교향곡부터 척 베리의 '조니 B. 굿', 아기 울음소리, 키스 소리까지… 지구의 온갖 소리들이 구리로 만든 음반에 새겨져 우주로 떠났다. 하지만 정작 이 레코드를 재생

할 수 있는 기술을 가진 외계 문명을 만날 확률은 지극히 낮다고 한다. 뭐, 그래도 세상일이란 알 수 없는 거니까.

1990년 2월 14일, 발렌타인 데이에 일어난 일도 살짝 감동적이다. 지구로부터 60억 킬로미터 떨어진 곳에서 보이저 1호가 뒤로 돌아서 지구를 촬영한 것이다. 지구는 우리가 밤하늘에서 보는 수많은 빛들 중에서도 잘 보이지 않는, 그야말로 햇빛 속 먼지 같은 작은 점에 불과했다. 세이건은 이 사진을 보며 말했다.

"우리가 아는 모든 것, 사랑하는 모든 사람들이 저 작은 점 위에 살고 있다."

그는 이를 '창백한 푸른 점(Pale Blue Dot)'이라고 불렀다. 많은 생각을 하게 만드는 이야기에서 나는 거리와 시간이 만들어내는 '희미해짐'의 본질을 본다. 아무리 소중하고 생생했던 것도 멀어지면 결국 흐릿해지고, 결국은 사라져 버린다.

우리의 기억도 비슷하다. 내가 누군가에게 전하는 모든 말들은 마치 작은 탐사선처럼 상대방의 의식 속 우주로 발사된다. 처음에는 선명하고 뚜렷하지만, 시간이 흐르고 새로운 정보들이 쏟아져 들어올수록 점점 더 멀어져 간다.

보이저 1호가 현재 태양으로부터 약 240억 킬로미터 떨어진 성간 공간을 떠돌고 있듯이, 우리가 건넨 말들도 상대방의 기억 속에서 수십 수백억 킬로미터 떨어진 곳으로 점점 더 멀어져 간다.

어제 들었던 이야기도 멀리 날아가서 희미하고 가물가물한데, 지난주에 나눈 대화는? 심지어 바로 몇 시간 전에 들었던 말조차도 벌써 흐릿한 잔상으로 변해 버릴 때가 부지기수다. 이것은 내가 부족해서도, 상대방이 나를 무시해서도 아니다. 인간의 뇌는 애초에 그렇게 설계되어 있다. 생존을 위해 끊임없이 새로운 정보를 받아들이고, 불필요해 보이는 데이터는 자동으로 삭제하는 정교한 시스템을 갖추고 있을 뿐이다.

보이저 1호가 전력 부족으로 하나씩 장비를 끄면서 본질적 임무에만 집중하는 것처럼, 우리의 뇌도 중요한 기억들만 선별해서 보관한다. 아침에 먹은 음식의 맛을 저녁에 기억하지 못하는 것처럼, 대부분의 일상적 대화들은 뇌의 휴지통으로 조용히 이동한다. 하지만 이런 사실이 그렇게 절망적인 이야기만은 아니다. 보이저 1호가 지금도 미약한 신호를 보내며 인류와 소통하고 있듯이, 진정으로 의미 있는 말들은 기억 속 깊은 곳에서 여전히 신호를 보내고 있다.

그렇다면 어떻게 해야 할까? 먼저 받아들여야 할 진실이 있다. 내 말은 언제나 흐려진다는 것이다. 이는 상대방의 문제가 아니라 인간 기억의 본질적 속성이다. 중요한 것은 이 진실을 인정한 후의 전략이다. 보이저 1호가 골든 레코드에 인류의 핵심 메시지만을 담았듯이, 우리도 소통할 때 전략적으로 접근해야 한다. **나의 메시지와 이미지를 오랫동안 기억에 남기기 위해서는 특정 키워드나 문구를 끝까지 기억하게 만들겠다는 의식적 노력**

이 필요하다.

우선, 중요한 말은 다른 표현으로 반복하는 것. "이것은 중요합니다."라고 말했다면, "이것이 핵심입니다."로 재확인하고, "이것을 기억해 주세요."로 마무리하는 습관을 들이면 꽤 도움이 된다.

추상적 개념을 구체적 이미지로 표현하는 것도 중요하다. "맛있는 걸 먹고 싶어요."라는 추상적 표현 대신 "자연산 광어회의 뱃살이 먹고 싶어요."라고 구체적으로 말하고, "성공하세요." 대신 "목표 매출 꼭 달성하세요."라고 말하는 것. 사람들은 감각적으로 상상할 수 있는 정보를 더 오래 기억한다. 이 조그만 습관이 내 말을 상대방의 머릿속에서 선명한 이미지로 남게 만드는 역할을 한다.

때로는 예상과 다른 정보로 기억에 각인시켜야 한다. 상식과 반대되는 이야기, 기대와 다른 결론이 뇌에 강력한 임팩트를 남긴다.

> "성공한 사람들의 공통점은 실패를 두려워하지 않는 것이 아니라, 실패한다 해도 광어회 한점 우걱우걱 씹고 다시 힘을 낸다는 것입니다."

너무 뻔한 공식 같지만, 프로들은 필요할 때 이런 방식을 의식적으로 선택한다. 대비와 반전으로 예상을 벗어난 정보를 더 주의 깊게 처리하고, 더 오래 기억하기 때문이다.

직접적인 질문으로 참여를 유도하는 방법도 있다. 사람들은 자신과 관련된 정보를 더 우선적으로 기억하는 본능이 있다.

"지금 이 순간, 당신의 머릿속에서 가장 선명한 기억은 무엇입니까?"

"당신이라면 이 상황에서 어떤 선택을 하겠습니까?"

일상에서 수없이 만났던 이런 질문들은 알고 보면 상대방을 수동적 청취자에서 적극적 참여자로 바꾸는 전략적 소통의 기술들이다. 마음소리를 말소리로 바꿔서 말해 보는 과정에서 이런 전략적 표현과 요소들을 염두에 두고 연습해 보기를 바란다. 상대방의 기억 속에서도 무수한 탐사선들이 각자의 궤도를 그리며 떠돌고 있지만, 그중에서 내가 보낸 메시지만은 오랫동안 빛을 발하며 소통할 수 있도록 말이다.

결국 소통이란 메시지를 전달하는 것에서 끝나는 것이 아니다. 상대방의 기억 속에 오래 남을 신호를 만드는 것이다. 보이저 1호가 46년 후에도 여전히 우리와 소통하고 있듯이 말이다.

12-2

호랑이 공장 속 '또 다른 나'

'세 사람이 짜고 말하면 없는 호랑이도 만든다.'라는 삼인성호(三人成虎)의 낡은 고사는, 21세기 대한민국에서 가장 힙하고 잔인한 현실이 되었다. 우리는 지금 알고리즘과 조회수가 24시간 호랑이를 찍어 내는 거대한 '호랑이 대량 생산 공장'에서 살고 있다. 누군가 던진 확인되지 않은 정보는, '충격', '발칵' 같은 자극적인 섬네일을 단 기사와 유튜브 영상으로 둔갑한다. 댓글 창에 추측과 의혹이 난무하면서 '팩트'라는 옷을 입고, 알고리즘은 그 포장된 스토리를 더 많은 사람의 눈앞에 배달한다. 그렇게 사실과 거짓이 뒤섞여, 원본보다 훨씬 크고 무서운 '디지털 호랑이'가 탄생한다. 최근 몇 년간 우리 사회를 뒤흔든 각종 논란들을 떠올려 보자. 정치인, 연예인, 기업인, 심지어 평범한 시민까지, 누구든 하루아침에 호랑이의 주인공이 될 수 있다. 이런 현상은 개인의 소소한 일상에서도 끊임없이 벌어진다.

"너는 원래 조금 소심한 편이잖아.", "당신은 항상 그런 식으로 반응해.", "그렇게 말하는 거, 너답지 않아."

별것 아닌 것 같은 이런 말들이 반복되면, 어느새 내 안에도 호랑이가 자라기 시작한다. 나를 위축시키고, 내 소리 내는 것을 주저하게 만드는 작지만 강력한 호랑이. 그리고 그 호랑이는 외부가 아닌 내가 스스로 키우는 녀석이다.

"그래, 난 원래 그런 사람이지."

자식과 부모, 형제와 친구, 팀원과 팀장, 사장과 사원, 선생과 학생 등 사회적 역할에 대한 기대와 시선 속에서 '진짜 나'는 희미해진다. 우리는 그렇게 각자의 '호랑이 공장' 안에서 살아간다. 외부의 시선과 스스로 만든 '호랑이'라는 프레임이 "너는 원래 그런 사람이잖아."라고 속삭일 때마다, 우리는 조용히 고개를 끄덕이며 나를 가둔다. 그렇게 우리는 남이 그려준 지도 위에서 길 잃은 여행자가 된다.

하지만 한 사람의 삶은 그렇게 한마디로 정의될 수 있는 것이 아니다. 우리 안에는 무수히 많은 경험과 생각의 별들이 잠들어 있다. 잊고 있던 작은 성공의 기억, 아팠지만 단단한 교훈을 줬던 실패의 경험, 소중한 사람과 나눴던 대화의 온기까지. **'또 다른 나'를 만나는 여정은 없던 것을 만들어 내는 마법이 아니라, 내 안의 그 별들을 발견하고 연결해 자신만의 첫 번째 별자리를**

그리는 일이다. 그것은 예술가의 '조각의 과정'과 같다.

희미해진 경험에 서사를 부여하며 또 다른 나를 조각하고 새롭게 정의하는 기술은, 비즈니스 현장에서 의뢰인들과 함께 솔루션을 만들어 가는 '퍼스널 스토리브랜딩' 전략과 그 뿌리가 같다. 목표를 향해 달려가는 사업가들은 자신의 실패담을 '포기하지 않는 도전의 과정'으로, 평범해 보이는 경력을 '대체 불가능한 현장 전문성'으로 재구성한다. 그들은 서사가 가진 힘을 안다. 이야기가 어떻게 현실을 바꾸고 미래를 여는지 말이다. 사업가는 사업 목적 달성을 위해 이 작업을 한다.

그렇다면 사업목적이 없는 개인은 무엇을 위해 필요할까? **나의 가치를 온전히 알고 인정받고, 더 당당하게 살아갈 수 있기 때문이다. 습관이 되어버린 불필요한 겸손 때문에 자기 자신을 과소평가하며 살지 않을 수 있기 때문이다.** 사업가와 일반 개인의 목표는 달라도, 흩어져 있던 경험의 원석에서 빛나는 가치를 찾아내 단단한 이야기로 만드는 원리는 똑같다.

첫걸음은 당신이 지금껏 세상에게, 그리고 스스로에게 들려주던 낡은 이야기를 확인하는 것이다. 당신이 가진 여러 '역할'의 가면들을 하나씩 떠올려 보자. '자식'으로서의 나는 어떤 사람이었나? '부모'로서, '팀장'으로서는? '친구'로서는? 아마 "부모님 속 안 썩이는(또는 썩이는) 자식", "싫은 소리 잘 못 하고 혼자 끙끙 앓는 팀장" 같은, 당신에게만 익숙한 문장들이 떠오를 것이다. 그것이 바로 우리가 새로운 별자리를 그릴 밤하늘이자, 조각을 시작할 첫 번째 원석이다.

그렇게 확인한 낡은 지도 위에서, 우리는 가장 바꾸고 싶은 한 지역을 골라 새로운 선을 긋기 시작한다. 이때 필요한 도구가 바로 '서사칠성', '서분연목' 같은 서사의 조각칼이다. 이 도구로 당신의 가장 밍밍했던 '냉동 대패 삼겹살' 같은 경험, 또는 흑역사나 자랑스러운 성공담 중 마음 가는 하나를 골라 찬찬히 분해하고 다시 배치해 보자. '나는 이 경험을 통해 무엇을 극복하고 어떤 힘을 얻었나?'라는 새로운 질문을 던지는 것이다.

당신이 "친구의 무리한 부탁을 거절하지 못하는 나"라는 경험이 있다면, 스스로를 "나는 호구처럼 이용당하는 사람"이라고 정의해왔을 수 있다. 여기에 이런 새로운 질문을 던져볼 수 있다.

나는 정말 '이용당한' 것인가, 아니면 '신뢰를 지킨' 것인가? 부탁을 들어줬던 진짜 이유는 무엇인가? 그 친구와의 관계를 소중히 여겼기 때문인가, 아니면 단기적인 불편함보다 장기적인 관계의 평화를 선택한 것인가? 그 결과 어떤 긍정적인 점이 있었나? 그 친구는 나를 정말 '호구'로 생각할까, 아니면 '어려울 때 기댈 수 있는 유일한 사람'으로 생각할까? 이런 질문들의 답을 연결하면, "나는 순간의 감정보다 친구와의 의리를 더 중요하게 생각하는, 깊은 관계를 맺을 줄 아는 사람이다"라는 새로운 이야기가 시작될 수 있다.

당신이 "회의에서 말 못하는 소심한 팀장"이라고 여겨 왔다면 이런 질문들을 던져 볼 수 있다. 기억에 남는 회의에서 생각하지 못했던 진짜 방해자는 누구였나(무엇이었나)? 나는 정말 소심했나, 아니면 신중했나? 말하지 않았던 이유는 무엇인가? 배려였나, 관찰이었나, 아니면 더 나은 준비를 위함이었나? 그 결과 어떤 긍정적 결과가 있었나? 팀원들이 실제로 나를 어떻게 평가했나? 이런 질문들의 답을 서사칠성과 같은 방식으로 연결하면, "팀원들의 의견을 충분히 듣고 신중하게 판단하는 리더"라는 새로운 이야기가 시작될 수 있다.

그렇게 발견한 가치를 "나는 OOO한 사람이다."라는 새로운 문장과 그런 사람인 이유를 알려 주는 서사가 담긴 긴 단락으로 정의해 보자. 이것이 바로 **당신의 '새로운 별자리'이자, 모든 변화의 시작점이 될 '또 다른 나 1.0 버전'이다.**

이 과정은 보통 2-3주 정도의 시간이 필요하다. 첫 1주일은 낡은 이야기를 정리하고 새로운 관점을 찾는 데 쓰고, 둘째 주에는 소재로 선택한 경험을 분해해 새로운 서사를 만들어 본다. 셋째 주부터는 그 이야기를 일상에서 조금씩 써보면서 어색함을 자연스러움으로 바꿔 나가는 연습을 한다. 물론 사람마다 차이는 있다. 어떤 이는 일주일 만에 확신을 갖기도 하고, 어떤 이는 한 달이 넘게 걸리기도 한다. 중요한 것은 속도가 아니라 방향이다.

물론 처음 그리는 나만의 별자리는 서툴 수밖에 없다. 새로운 이야기로 나를 정의하는 첫 순간은, 내 몸에 맞지 않는 어색한 옷을 입은 것 같은 기분이 들 거다. 그리고 이런 질문들이 떠오를 수도 있다.

"이렇게 좋게만 해석하는 게 자기합리화 아닌가?", "주변에서 이상하게 생각하면 어떡하지?"

이런 염려는 지극히 자연스러운 반응이고, 당신이 꽤 정직하게 세상을 살고 있다는 증거일 뿐이다. 오랫동안 입었던 낡은 옷을 버리고 새로운 옷을 길들이는 것은 분명 낯설고 어색하다. 하지만 기억하자. 이 과정은 거짓의 나를 만드는 게 아니다. 그동안 보지 못하거나 외면하고 있던 내 이야기에 빛을 부여하는 과정일 뿐이다. 앞에서 언급한 S군과 K과장의 사례에서도 하나의 거짓이 없었듯이, 당신의 새로운 이야기 역시 모두 사실에 근거한다. 다만 그 사실들을 연결하는 선을 바꿔 새로운 서사를 부여했을 뿐이다. 중요한 것은 완벽한 첫 작품이 아니다. 내 삶의 조각칼을 내 손에 쥐었다는 사실 그 자체다. 그렇게 첫 번째 초안을 그리고, 삶이라는 망원경으로 그 별자리를 끊임없이 관찰하며 시행착오를 겪어야 한다. 어떤 별은 더 밝게 빛내고, 어떤 별은 희미하게 지우면서 나만의 이야기를 계속해서 다듬어 가는 것이다. **그 꾸준한 조각의 과정이야말로, 당신을 묶어 두었던 낡은 닻을 올릴 가장 강력한 힘이 된다.**

이 과정을 제대로 반복해서 시도한다면 어느 순간부터 만나는 신호들이 있다. 아침에 일어날 때 기분이 예전과 묘하게 달라진다. 거울을 볼 때 자신에게 하는 말이 조금씩 바뀐다. 다른 사람 앞에서 말할 때 목소리에 다른 힘이 생긴다. "요즘 뭔가 달라 보인다"는 말을 듣기 시작한다. 이런 변화들이 하나둘씩 느껴진다면, 의식적으로 그린 나만의 새로운 별자리가 제대로 빛나기 시작했다는 뜻이다.

당신의 밤하늘에는 어떤 별자리가 잠들어 있는가. 이제, 당신의 첫 번째 조각을 시작할 시간이다.

*저자가 직접 제공하는 워크시트로 '또 다른 나'를 찾아보세요. 다운로드 링크는 책 표지에서 확인하실 수 있습니다.

12-3

닻에 오른 게

삼킨 말들이 목 안에서 썩어 간다
겸손이라는 이름으로 또 다른 말을 삼킨다
겸손은 그의 미덕이었으나 이젠 자신을 낮게 부르는 습관이 되었고
배려는 그의 무기였으나 그를 숨게 만든 갑옷이 되었다

그는 정박해 있다
썰물 때마다 드러나는 그의 바닥, 갯벌 냄새
닻이 바닥의 뻘 속으로 스며들어 어디가 닻이고 어디가 바닥인지

깊은 바닥에 자신감의 닻을 묻고
파도에도 흔들리지 않는다
누구에게도 불편을 주지 않는다
사람들의 말이 칭찬이라는 돌이 되어 닻을 더 세게 짓누른다

당신은 참 편안한 사람이야, 믿을 만하다

그는 계절이 세 번 바뀌도록 그 자리에 머물렀다
움직이지 않음이 어느새 움직일 수 없음이 되었다

계절이 네 번 바뀐 어느 날
톰 크루즈와 쌍둥이처럼 똑같이 생긴
현실주의자의 게소리를 들었다

I'm working on it!

이게 정말 나일까?
이게 정말 괜찮은 걸까?
나도 닻을 올릴 수 있을까
이제는 고동 소리 내며 떠날 수 있을까

아무도 그를 붙잡지 않는다
붙잡은 것은 언제나
그 자신이었다는 걸 그제야 알아챘다

조용히 손을 뻗는다
끈적한 뻘 속에서 닻이 속살을 드러낸다

어부의 소쿠리에서 탈출한 게가 닻에 매달려 있다
바다가 다시 말하기 시작한다
처음엔 비틀거리지만
그 비틀거림도 항해다

크… 또 한 건 했어! 미션 파서블!

12-4

양날의 검

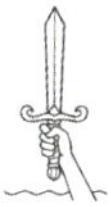

기업 프로젝트를 주로 하던 초창기에는, 한 사람의 이야기가 모든 것의 시작이라는 사실을 알지 못했다. 나는 그저 그럴싸한 스토리를 찾아내 브랜딩과 마케팅에 '활용'하는 스토리텔링 기술자에 가까웠다. 그래서 옆을 스쳐 가는 수많은 사람들의 경험과 생각이라는 별빛들을 관찰할 생각조차 하지 못했었다.

개인 이야기의 힘을 처음으로 체감한 것은 2005년, 한 신생 건설사의 휴양단지 프로젝트의 홍보전략을 총괄하면서였다. 회사 안팎을 둘러싼 모든 상황이 극단적으로 불리했기 때문에 성공 가능성이 지극히 낮게 평가되던 프로젝트였다. 궁여지책으로 참가자들 개인의 이야기를 전면에 내세웠는데 기대 이상의 시장 반응을 체감하면서 사람의 이야기에 몰입하게 되었다. 그때부터 조금씩 그들의 내면에 있는 진짜 목소리를 들을 수 있었던 것 같다.

물론 그 과정이 항상 순탄했던 것만은 아니다. 자기 삶의 서사가 가치 있는 콘텐츠가 될 수 있다는 사실을 의심하는 의뢰인들을 만나는 건 늘 있는 일이었다. 지나간 흑역사와 주변인들의 시선을 의식하느라 새로운 스토리의 자기 모습을 쉽게 받아들이지 못하는 사람들을 끊임없이 만날 수 있었다. 나 역시, 삶의 흑역사나 남의 시선 때문에 한없이 쪼그라들었던 경험이 수북하기 때문에 이해가 어렵지는 않았다.

한번은 콘텐츠의 사업적 효용성을 알려 주는 책을 번역할 기회가 있었다. 평소 외국어 공부를 즐기는 편이라 겁 없이 책을 직접 골라서 덤벼들었다. 지금 다시 하라고 하면 한두 번 정도는 망설이겠지만, 젊음이 무기였던 시절의 객기 비슷한 용기였다. 지금 다시 보면 밤마다 이불킥을 찰 정도로 조악한 번역이었지만, 그래도 그때는 꽤 열심히 했던 것 같다. '훈련된 번역가도 아닌데 너무 그러지 말자. 이쪽 분야를 처음 소개한 게 어디냐.'라며 스스로 다독이지만, 요즘도 종종 그 책을 보면 이불킥을 날리고 싶은 건 어쩔 수 없다.

따님마님의 중학교 졸업 기념으로 갔던 홍콩 여행 마지막 날, 길에서 화장실을 찾지 못해 가족의 부축을 받으며 거리를 헤맸었다. 결국 길 한복판 수많은 인파 속에서 어쩔 수 없이 자연을 만나야만 했다. 덕분에 나는 아직도 홍콩의 그 길거리를 지도 없이 찾아갈 수 있다.

야심 만만하게 시도했던 사업 도중 찾아온 동생과의 사별은 나를 절망과 슬픔, 방황의 늪으로 빠트렸다. 사업권까지 빼앗기게 되었는데 그때를 시점으로 다시는 만나고 싶지 않은 암흑기를 수년 동안 지나야만 했다. 한동안 야근을 핑계로 가족 몰래 새벽까지 대리운전을 했었다. 차가운 김밥을 씹으면서 우주에 혼자 남겨진 것 같은 기분 속에서 마셨던 겨울밤의 공기도 여전히 생생하다. 그 시절 주변인들에게 느꼈던 각종 수모와 멸시, 미안함과 원망의 복잡한 감정들은 사라졌지만, 내 삶과 가치관의 큰 전환점이 되어준 아픈 흑역사임은 분명하다.

그 뒤에도 크고 작은 희로애락의 일상은 계속되었고 다양한 이불킥과 흑역사의 순간들이 내 삶을 스쳐 갔고, 그럴 때마다 주변인의 시선은 가장 무거운 짐이 되곤 했었다. 이런저런 부침을 겪으면서 때론 생존을 위해, 때론 그저 삶을 위해 사람들의 마음속 이야기를 들으며 살아내던 바로 그 시기, 인터넷 세상은 현실과 정반대 방향으로 흘러가고 있었다.

개인 미디어가 폭발적으로 성장하면서, 사람들은 자신의 '완벽한 모습'을 보여 주기 위해 고군분투 중이었다. 의뢰인들과 함께 그들의 상처와 실패, 그리고 그 속에서 발견한 진정한 가치를 이야기로 만들어 가는 동안, 각종 미디어는 점점 더 화려하고 성공적인 면만을 부각시키는 쪽으로 진화하고 있었다. 적극적으로 미디어를 분석하고 활용하는 직업 특성 때문에 현실과 미디어 사이의 거리감이 주는 느낌은 날로 커져만 갔다.

이 괴리감은 정체 모를 불편함으로 남아 마음속에 딱딱한 둥지를 틀어 버렸다. 내가 만나는 사람들은 모두 나이와 직업을 막론하고 실패와 성공, 기쁨과 슬픔이 뒤섞인 복잡한 존재들이었는데, 그들이 미디어에 올리는 콘텐츠는 왜 이렇게 한쪽으로만 치우쳐 가는 걸까? 무엇보다 그런 '편집된 완벽함'에 둘러싸여 살아가는 우리는 정말 괜찮은 걸까? 누구나 흑역사는 있다. 그런데 사람들은 미디어에서 보는 반짝이는 모습이 전부가 아니라는, 그 너무나도 당연한 사실을 쉽게 잊고 사는 건 아닐까? 여러 질문이 내 안에서 계속 쌓여 갔다.

이런 생각과 경험을 좀 더 체계적으로 이해하고 정리하고 싶어서 대학원에 진학해 미디어를 공부했다. 미디어는 수많은 현실 조각 중 가장 빛나는 조각만을 골라 보여주는 '편집된 창'이라는 것을 다시 한번 확인했고, 구체적인 폐해와 대안도 생각해 볼 수 있었던 소중한 시간이었다.

유튜브, 인스타그램, 블로그, 난톡방 같은 이 시대의 마이크로 미디어들은 우리 손에 쥐어진 '양날의 검'이다. 이 검을 어떻게 사용하느냐에 따라 많은 것이 달라진다.

한쪽 날은, 타인의 화려한 모습과 나의 평범하다고 여기는 현실을 비교하며 내 자존감을 갉아먹는 '흉기'가 된다. 누군가의 '인생 샷'을 보며 나의 '일상'의 가치를 폄훼하고, 그들의 '성공 스토리'를 보며 나의 '흑역사'를 후회하는 곳에 이 검을 쓸 수 있다.

하지만 다른 쪽 날은, '지금의 나'를 '또 다른 나'로 변화시키는 '보검'이 될 수 있다. 타인의 빛나는 성취를 보며 건강한 자극을 얻고, 그들의 지식과 경험을 배우며 이미 충분히 괜찮은 나의 가치를 발견하고 새롭고 건강한 별자리를 만드는 데에 활용할 수 있다.

흉기가 될 수도, 보검이 될 수도 있는 양날의 검, 미디어. 확신이라는 말의 무게를 알기에 함부로 말할 수는 없지만 한 가지는 분명하다.

'결국 선택의 열쇠는 자기 자신이 가진 것이고, 보검은 그것을 다룰 수 있는 최소한의 '기초체력'이 있는 사람에게만 진정한 힘을 발휘한다는 것.'

우리가 함께 이야기 나눈 '나를 아껴주고 귀하게 여기는 관점과 마음소리를 정직하게 인정하고 뱉어보는 경험'이, 그 기초체력을 기르는 데 작은 도움이 되었으면 하는 바람이다.

12-5

심청의 전화

(따르르릉… 따르르릉…)

찰스! 나야, 심청이! 나 지금 어디게? 안테나 잘 터져? 여기? 여기 지금 바다 위다, 서해 바다! 낚싯배 탔어! 그냥 다 내려놓고 혼자 여행 왔어. 저 멀리 앞에 보이는 바다기 인당수라는데 바람도 너무 시원하고 풍경도 진짜 너무 좋다! 다 네 덕분이야. 진짜로. 네가 '밥값 빌런' 친구 이야기, 해 준 날 있잖아. 그날 이후로 정말 나 자신에 대해 많이 생각했거든.

매일 남들한테만 맞추느라, 정작 나를 귀하게 생각하고 아껴주는 생각은 전혀 못 하고 살았던 거 같더라. 그래서 큰맘 먹고 나한테 휴가를 주기로 했어. 나 이제 '무급 코치'는 은퇴했거든. 그리고 이 여행의 최종 목표가 뭔지 알아? 바로 너한테 줄 자연산 광어회를 내 손으로 직접 잡는 거야!

요즘 너한테 위로도 많이 받고 생각하지 못했던 것도 돌아볼 수 있어서 너무 좋았거든. 네가 먹고 싶다던 자연산 광어회… 그냥 횟집에서 사는 것보다, 내가 직접 잡아서 회 떠주면 네가 백배는 더 좋아할 것 같더라고! 어때, 나 좀 멋있지?

아, 그리고 찰스! 진짜 대박인 게 뭔지 알아? 여기서 네 친구 돌쇠 씨를 만났어! 맞아, 그 '밥값 빌런' 말이야! 세상에 이런 우연이? 배에 탄 손님이 몇 명 없어서 금방 친해졌거든. 그래서 이런저런 얘기를 나누다가, 혹시나 해서 너에 대해 물어봤는데, 자기가 아는 찰스가 맞는 것 같다는 거야. 한참을 망설이다가 자기 얘기를 해주는데… 찰스, 너 진짜 놀랄 거야.

그분, 사실은 먼 과거에서 갑자기 현대로 '타임슬립'을 했대. 믿어지니? 어떻게 살아야 할지 너무 막막하고, 주머니에 돈은 별로 없는데, 너한테 이런저런 답답한 마음 털어놓으면서도 계속 미안했대. 찰스도 북극성 쪽에서 온 외계인이라 외롭고 힘들 텐데, 자기까지 징징거리는 것 같아서 말이야. 그래도 괜한 자존심 때문에 차마 말을 못 했다는 거야. 그때도 미안한 마음에, 네 얼굴을 제대로 볼 수가 없어서 자꾸 자리를 피했던 거래.

근데 찰스 너가 자연산 광어회를 먹고 싶어 하는 거 같아서, 배에서 알바도 하고 광어도 잡아서 직접 회를 썰어 주고 싶었다는 거야. 그 얘기 듣는데, 갑자기 마음이 너무 찡하더라. 돌쇠 씨도 너처럼, 이 시대의 또 다른 '이방인'이었던 거야.

그래서 말인데, 찰스. 나랑 돌쇠 씨랑 힘 합쳐서, 진짜 크고 힘 좋은 놈으로 꼭 잡아갈 테니까, 우리 셋이 같이 먹자. 이제 그분의 마음소리도 우리가 알게 됐으니까, 어쩌면 우리 셋, 정말 좋은 친구가 될 수 있을 것 같아. 너의 억울함도, 그분의 미안함도, 그 자연산 광어회 한 점에 다 녹여 버리자.

아! 그리고 여기 진짜 웃긴 거 있어. 이상하게 생긴 게가 한 마리가 닻을 타고 배에 올라와 있는데, 게면 게답게 바닷속 바닥에서 기어다녀야 되잖아. 근데 얘는 아니야. 뭐가 그렇게 신나는지, 자기 혼자 이 갑판 위를 막 쌩쌩거리면서 혼자 막 돌아다녀. 아 진짜, 너무 귀엽다. 너랑 엄청 닮았더라고!

아무튼! 선장 아저씨가 곧 포인트에 다 왔대. 얼른 세상에서 제일 맛있는 광어 잡아서 갈게. 특대로! 기다리고 있어! 이따 봐!

(딸깍)

찰스 흐흐흐. 드디어 먹을 수 있겠군. 자연산 광어회. 그나저나, 정텔러도 불러야 되나? 아니지. 그럼, 그놈이 거의 다 먹을 거 같은데… 에잇, 부르지 말자! 아니지, 그럼, 너무 치사한 거 같은데… 부를까? 하… 이거… 불러 말어? 안 되겠다. 일단 뭐 하고 있는지 살짝 물어보고 눈치를 한번 보고 결정하자.

(따르르릉… 따르르릉…)

정텔러 오, 찰스. 이 시간에 무슨 일이냐?

찰스 뭐 하고 있냐, 정텔러.

정텔러 나 지금 간장게장 먹고 있지. 이번에 알배기로 담갔는데, 크… 천국의 시간이 따로 없다.

찰스 야! 너, 내가 내 동족 먹지 말라고 했지!

정텔러 아, 진짜… 자꾸 왜 그래? 지구 꽃게가 무슨 네 동족이냐고.

찰스 (딸깍)

에필로그 : 게, 개, 괴

틀 안에 갇혀 소리를 내지 못하던 게는 이제, 이미 내면에 가득한 일상의 경험이라는 원석을 꺼내고 가공할 수 있을까? 그리고 자기 마음에 정직하게 귀를 기울이고 전략적으로 소리 내면서 자기를 옥죄던 틀에서 탈출할 수 있게 될까?

전적으로 게의 선택과 의지에 달린 문제이긴 하지만 그래도, 되도록 많은 '게'들이 이미 충분히 괜찮은 자기 자신을 발견하고 힘차게 소쿠리에서 탈출하기를 바란다.

그나저나,

게소리를 개소리로 오해하시는 분들이 있더라.

사실 '개소리'도 나쁜 소리는 아니다.
개가 가축 취급을 받던 시절의 영향으로 괄시받고 있지만,
실제 개가 내는 소리는 정겹고 순수한 소리다.

멍멍! 왈왈!

내게는 어지간한 음악 소리보다 더 아름답게 들리던데,
남들은 어떤지 모르겠다.

어쩌면 100년쯤 후에는 국어사전에 조금 변화가 있지 않을까?

[21XX년 한국어 대사전]

게소리 : 자기 자신을 귀하게 여기는 사람들이 하고 싶은 말을 하면서 원하는 것을 성취하는 전략적 말을 의미하며, 말소리라고도 한다.

개소리 : 개가 짖을 때 나는 소리로 앙증맞고 귀엽고 사랑스러운 말을 의미한다.

괴소리 : 일부 정치인이나 선동가, 소시오패스 등이 지껄이는 해괴한 소리로 최소한의 상식과 이치에 맞지 않은 말을 의미하며, 오래전에는 개소리로 잘못 발음된 적도 있다.

…

뭐, 꿈꾸는 데 돈 드는 거 아니니까.

들어보세요
당신의 게소리

출판 편집 전 '날것의 원고'를 읽어 보신 분들의 감상과 추천이 이어집니다.

다양한 분야에서 활동하시는 분들의 감상과 독자님의 느낌은 무엇이 같고 다른지 생각해 보세요.

있는 그대로의 생각을 전달해 드리려고 출판에 필요한 최소한의 기술적 교정 외에는 손대지 않았습니다.

밀알 편집팀 드림

김선영 amabile.sun_
(사회정서교육 마스터)

나의 소리로 세상과 소통하고 싶었다. 정확하게는 세상에 좋은 사람으로 통하기보다 온전한 나로 가치를 인정받고 싶었다. 게소리를 읽어 가는 동안 그 꿈이 생각보다 복잡한 과제였음을 알게 되었다.

각자의 의도와는 무관하게 서로가 얽혀 서로를 잘라내는 게들의 소리는 내 안의 소리였다. 평범하면서 특별한 대표가 되고 싶었던 나에게 게소리는 조용한 긴장감을 선사했다. 그 긴장감은 나를 지키게 하고, 나를 드러내게 하며, 결국에는 나를 사랑하게 만든다.

아무런 사전 정보 없이 만난 게소리는 경청, 배려 등의 감성 키워드를 전면에 내세운 에세이처럼 다가왔지만, 내 안에서 수없이 정리되었다고 착각한 생각들을 다시 들추고 쪼개고 구조화하는 전략서였다.

책 속 캐릭터들의 사례와 문장들이 내 이야기로 다가올 땐 불편과 번뇌를 가져오는 감정 피로를 주기도 한다. 그러나 그 뒤에는 나의 소리로 세상과 소통하려던 큰 꿈을 현실적 전략으로 바꿔주는 힘이 되어 준다. 말하고 싶었지만 말하지 않았던 나의 말소리를 어떻게 표현할 수 있을까 끊임없이 질문하게 만든다.

SEL을 기획하고 실천하는 사람으로, 표현하지 않음은 인내가 아니라 위험임을 다시 한번 확인했다. 게소리는 좋은 사람보다 온전한 나로 가치를 인정받기 원하는 분들에게 희망적 사색의 계기와 구체적 힌트를 동시에 제공할 것이다.

조요섭 choyoseop
(순자교회 Follower's Church 사찰 목사)

목사인 저는 이 책을 읽는 내내, 제가 세상에 전하고 싶은 메시지와 놀라울 만큼 닮은 지점들을 발견하며 맥스 루케이도의 동화 '너는 특별하단다'가 떠올랐습니다. 주인공 펀치넬로가 자신을 만든 목수 엘리를 만나 비로소 자신의 가치와 존재감을 회복해 가는 이야기처럼, 저자는 한 사람 한 사람이 참으로 소중한 서사(敍事)를 가진 존재임을 깨닫게 해 줍니다.

우리는 보통 '서사'라고 하면 호메로스의 오디세이아처럼 신이나 영웅들의 거대한 서사시(敍事詩)를 떠올립니다. 그러나 저자는 이 땅의 평범한 사람들, 즉 범인(凡人)들의 삶에 그 서사를 부여합니다. 당신의 삶 자체가 서사시이며, 그 주인공이 바로 당신이라는 가슴 벅찬 진실을 일깨워 줍니다.

작은 단원마다 기발한 상상과 소소한 일상 이야기 속에서 시원한 깨달음의 우물물을 만나는 재미 또한 이 책의 큰 매력입니다. "NO"라고 말하지 못해 속앓이하던 제 개인적인 고민에도 큰 도움이 되었습니다.

살아가면서 존재감의 하향곡선을 만나고 있거나, 자신의 소중한 존재의 의미를 찾고자 하는 분들에게 진심으로 일독을 권합니다.

신은미 em.shin2
(장애인식개선 강사, 부산대학교 특수교육 박사과정)

누구든 살면서 내 안의 목소리에 제대로 귀를 기울이고 사는 사람은 많지 않을 것이고, 나 역시 그런 사람 중에 한 명이었다. 장애가 무겁다 보니 고려해야 할 것들이 많았다. 그래서 하고 싶은 것이 있었지만 못했던 적도 많았고, 무엇을 실행에 옮기고자 할 때도 머릿속으로 수백 번을 고민한 뒤에야 실행에 옮겼다(그런데 남들은 내 쪼대로 다 하고 사는 줄 안다).

어릴 때부터 내재되어 학습된 사회적 차별 탓이기도 했지만, 이 때문에 스스로를 옥죄며 자괴감에 빠져 있었던 것이었다. 다행히도 용기를 내어 지금은 장애인식개선 강사로 공공기관, 학교, 기업체 등에서 장애를 알리고 더불어 사는 가치를 전하며 보람과 행복을 만끽하고 있다.

이 책을 읽으며 내가 거쳐 간, 스스로를 옥죄어 방황하고 끝없이 나를 괴롭히던 시기가 생각났다. 그래서 '그때 이 책이 나왔더라면 조금은 달라지지 않았을까?' 하는 무의미한 생각도 하게 된다. 자기 내면의 목소리에 제대로 귀를 기울이지 않고 있는 분들이 있다면 이 책과 함께 진성한 자신을 찾는 여정을 떠나보길 추천드린다.

윤희수 @yunice_kr
(유니콘 바디 메이커, 요가필라테스 전문강사)

너 T지?

은근히 기분 나쁜 그 말을 매번 들으면 상처받는 에겐녀, 바로 나다.

잘좀 해보자 하고 나를 채찍질할수록 내 책장은 쌓이는 자기계발서, 심리 서적으로 공간이 부족할 지경이었다. 그럼 뭐하나. '왜 나는 그거 하나 그럴듯하게 공감해주지 못해서 속을 끓이는 거냐 대체!!' 하며 밤마다 나의 무력함에 수없이 이불킥하는걸.

그러던 중 운영에 어려움을 겪던 센터 때문에 저자를 만나게 됐다. 퍼스널 스토리브랜딩을 배우러 간 거였는데, 막상 듣다 보니 내가 알고 있던 일반적인 마케팅 기법이 아니라 '내 마음을 솔직하게 표현하면서 소통하는 법'이었다.

솔직히 처음엔 반신반의했다. 또 하나의 그럴듯한 방법론인가 싶었다. 그런데 삶이 조금씩 달라지기 시작했다. 센터 고객들에게 가식적인 말 대신 내 진짜 이야기를 하기 시작하니까 관계에 변화가 찾아왔다. 내 마음을 알아주는 분들이 하나 둘 늘어나기 시작했고 어렵게 돌아가던 센터도 점점 활기가 돌았다.

신기한 건 전혀 기대하지 않았던 개인적인 일상에서도 변화가 생긴 거였다. 예전엔 '뭐라고 말해야 할지 모르겠어' 하며 속을 끓이곤 했는데, 이제는 그냥 내 방식대로 솔직하게 말하면 된다는 걸 알게 됐다. 완벽하게 공감하려고 애쓰지 않아도, T형 나름대로 진솔하게 말하면 사람들이 알아듣더라.

그 과정에서 배운 여러 개념들이 고스란히 이 책에 담겨 있다. 사업자들을 위한 책이 아니기 때문에 내가 배운 여러 기술적 방법론까지 볼 수 있는 것은 아니지만, 사회생활을 하는 한 인간으로서 나를 아껴주면서도 다른 사람들과 건강하게 관계를 만들어 갈 수 있는지에 대한 근본적인 답을 얻을 수 있다.

이불킥을 수없이 하게 되면 뇌 빼고 쇼츠 보는 걸로 타협하게 되는데, 그것마저도 죄책감을 느끼는 나 같은 당신이라면 한 번 읽어보시길.

마음이 조금은 편해질 거다.

조안나 annagold_designbrand
(ELEMENTDESIGN 브랜딩 크리에이터)

글을 읽어 내려가면서 무의식적으로 여러 차례 고개를 끄덕이게 되었습니다. 우리가 늘 옳다고 믿어왔던 '경청, 공감, 배려'라는 태도가, 때로는 관계를 지치게 하고 우리 자신을 소모시키기도 한다는 저자의 통찰은 제 마음 깊은 곳에 공명을 일으켰습니다. 한국문화 속에 뼛속까지 자리 잡은 '배려와 공감'의 문화는 분명 자랑스러운 우리의 정체성이자 미덕이지만, 한편으로는 지나친 자기희생과 타인의 눈치 속에서 상처와 고통을 겪는 수많은 사람들을 마주하기도 히었습니다. 아이러니한 딜레마 속에서 혼란스러웠던 경험을 종종 마주해왔기에, 작가님의 시원한 시각과 지혜로운 통찰에 더욱 깊이 공감을 느끼며, 중간 단계에 심어진 자기확신의 마음의 소리가 기둥이 되어 한쪽으로 치우친 오류를 범하지 않도록 중심역할을 해 준다는 사실을 알려 줍니다. 제가 충분히 느껴왔던 당연하면서도 지나치면 민감해지는 문제들을 해소해 주는 치유의 답변이자, 자기 자신의 가치에 대한 새로운 시각을 넓혀주는 길잡이를 정교하며 위트있게 안내합니다. 읽는 과정 자체가 즐겁고, 바로 삶 속에서 스스로의 서사에 적용해 볼 수 있다는 점이 장점이고, 무엇보다 자신의 가치를 발견하는 큰 선물입니다. 나를 돌아보고, 그 속에서 그동안 미처 발견하지 못 했던 '나의 가치'를 새롭게 만날 수 있었습니다. 책장을 덮는 순간 마음이 한결 가벼워졌고, 나 자신을 조금 더 긍정적으로 세상을 마주할 용기가 생겼습니다.

이 책은 단지 지식을 전하는 책이 아니라, 독자 한 사람 한 사람의 삶에 새로운 숨결을 불어넣는 따뜻한 안내서입니다. 이 책을 만나는 모든 분들이, 자기 스스로 묶어 두던 닻을 올리고 가볍게 항해를 시작하시기를 진심으로 바랍니다.책장을 덮은 후에도 오래도록 마음속에 남아, 일상에서 작은 선택 하나, 관계 속의 작은 대화 하나를 새롭게 바라보게 만드는 변화의 씨앗이 될 것입니다. 삶 속에서 함께 호흡하는 동반자 같은 책으로 많은 분들께 권하고 싶습니다. 바둥거리는 세상 무리 속에서 나만의 길을 향해 진정한 자기자신의 게소리를 당당히 소리 낼 수 있는 용기를 위하여…

김태호 teaho.coach

(멘탈테크니션, 심리코칭센터 대표/코치)

저자와의 인연은 스레드라는 SNS에서 시작되었습니다. 그의 글에는 현장에서 쌓은 시행착오가 고스란히 느껴졌고, 신선한 방식으로 이야기를 풀어 가는 모습이 인상적이었습니다. 제가 남긴 격려의 답글이 인연의 시작이었고, 한동안 뜸했던 그가 어느 날 저에게 통화를 제안하며 이 책의 추천사를 부탁했을 때 망설임 없이 응했습니다.

이 책을 처음 접했을 때의 느낌을 잊을 수 없습니다. 개요만 봤을 때는 흔한 심리, 자기계발서처럼 보였습니다. '쉽게 읽겠구나' 생각했죠. 하지만 첫 페이지를 펼치는 순간 완전히 다른 세계가 펼쳐졌습니다.

각각의 주제가 독립적인 스토리로 서술되면서도 매우 정교하게 이어져 하나의 거대한 메시지를 완성해 나갔습니다. 마치 숙련된 연주자가 여러 악기를 하나씩 더해 가며 교향곡을 완성하는 듯했습니다.

책을 읽으면서 가장 놀랐던 것은 저자가 현실 이면의 뒤틀림을 발견하는 탁월한 능력이었습니다. 사람들이 일상적으로 사용하는 말 속에 숨겨진 미묘한 뒤틀림을 찾아내어 각각의 매력적인 이야기로 풀어 냅니다. 제가 코칭을 하면서 느꼈던 것들을 저자도 똑같이 느끼고 있었던 것입니다. 다만 제가 직설적인 말로 소통했다면, 저자는 그것들을 사람의 마음을 움직이는 스토리로 창조해냈습니다.

더욱 감탄스러운 것은 인간에 대한 깊은 이해입니다. 사람들의 복잡한 마음 상태를 정확히 파악하고, 우리가 일상에서 마주하는 평범한 순간들과 전하고 싶은 메시지를 자연스럽게 연결시켜 표현합니다. 이런 능력은 하루아침에 생기는 것이 아닙니다.

이 책의 핵심 메시지인 '당신은 이미 괜찮은 사람이다'는 코치인 제가 늘 사람들에게 전하는 내용입니다. '답은 자기 안에 있다'는 철학 역시 코칭의 근본 인간관과 일치합니다.

솔직히 고백하자면, 이 책은 제가 써보고 싶었던 바로 그 책에 가깝습니다. 풍부한 비유와 스토리를 통해 독자를 설득하고 이해시키며, 결과적으로 스스로 생각하게 만드는 셀프코칭 서적입니다.

이 책의 구성은 하나의 정교한 워크북과 같습니다. 전반부에서는 다양한 이야기를 통해 우리가 삶에서 놓치고 있던 소중한 요소들을 재발견하게 합니다. 후반부에서는 그것들을 어떻게 구체화하고 진정한 자기 마음의 소리를 찾을 수 있는지 자연스럽게 제시합니다. 복잡해 보이는 내용을 누구나 이해할 수 있도록 풀어 낸 것도 이 책의 큰 장점입니다.

원고를 다 읽고 나서 한동안 멍하니 앉아 있었습니다. 마치 제 머릿속을 누군가 들여다보고 나온 듯한 묘한 기분이었습니다. 제가 그동안 사람들에게 하고 싶었던 이야기를 저자는 완전히 다른 방식과 색깔로 아름답게 표현하고 있었으니까요.

현시대를 살아가면서 자기 마음속 진짜 소리를 듣지 못하고 있다면, 이 책을 꼭 읽어보세요. 이미 자신의 소리를 듣고 있는 분들에게는 더욱 깊은 통찰을 선사할 것입니다. 저자가 책 곳곳에 녹여둔 세심한 고민들을 따라가다 보면, 그동안 당연하게 받아들여온 통념의 지배에서 벗어나 진정한 자신만의 목소리를 발견하게 될 것입니다.

펴내는 말

나를 올곧게 지키면서 상생하는 길을 만나보세요

최검열 milalbook.com
(밀알 대표, 불교상담학 박사)

출판가에서 태어나 가업을 이어받은 후 20년 넘게 출판사를 운영하면서, 단 한 번도 작가의 글에 대한 추천사를 직접 써본 적이 없습니다. 처음으로 저의 소리를 담아 봅니다.

저는 20대 대학시절을 시작으로 30여 년이 넘게 7개의 전공을 하며 일종의 학문적 방황을 해왔습니다. ESF(Evangelical Student Fellowship)라는 기독교 단체에서 성경 공부를 하면서도 뭔가 채워지지 않는 공허함이 느껴질 때는 갑자기 원불교 교당에 가거나 총본산에 들러 조용한 명상의 시간을 가지기도 했습니다. 유학을 떠날 때는 성경책 두 권과 원불교 전서 하나만 가방에 넣고 떠났던 기억이 납니다.

머리로는 '모든 해답은 내 안에 있다'라는 것을 알면서도 몸과 마음은 늘 외부세계의 현상에 집착하고, 방황하며 살았습니다. 잡다한 이론을 쫓고, 정제되지 않은 지식을 무기 삼아 살아왔지만, 마음 한켠에는 항상 해결하지 못한 과제를 안고 방랑자의 삶을 살아온 셈이지요. 외부에서 답을 찾아 헤매고, 그 얻었다고 하는 해답을 체화하지 못해 내 마음 안에서 다시 잃어버리는 삶의 연속이었죠.

저는 이 책에서 자신을 향한 사랑과 친절의 마음을 기르고 확장하는 자애명상의 이론, 먼지 티끌 속에 온전한 우주가 내재하고 있으며, 우리의 마음속에도 그 우주가 존재한다는 화엄사상, 기독교의 숭고한 사랑에 대한 개념을 요소요소에서 만날 수 있었습니다.

사탕 발린 달콤한 수사로 독자를 현혹하지 않는 저자의 냉철함을 보았고, 덕분에 삶을 재정비하고 나를 찾는 여행에서 필요한 현실적 방법이 무엇인지를 아주 명료하게 확인할 수 있었습니다. 저자는 무책임한 칭찬을 권하지도, 남발하지도 않습니다. 그래서 일정 부분은 독자들의 마음을 불편하게 할 수도 있습니다. 깊은 애정과 조언, 진정성 있는 응원은 때론 야멸차게 보일 수도 있기 때문입니다. 그러나 동시에 삶의 복잡한 문제를 명쾌하게 풀어 내는 작가의 통찰력과 사람을 향한 따뜻한 시선을 발견할 것입니다.

저자의 안내를 따라가다 보면 말로 다 설명할 수 없고 인식하지 못했던 자신의 감정들을 차분하게 꺼내어 비교해 볼 수 있을 것입니다. 바빠서, 용기가 나지 않아서, 자신의 본래 모습과 직면하는 것이 두려워 묻어 두고 살았던 '참 나(眞我)'를 발견하실 수 있을 겁니다.

흔들리는 것은 깃발도 깃대도 아닌 내 마음이라는 육조단경의 한 구절이 떠오릅니다. 살다 보면 나는 깃발이고 싶은데 깃대가 되어야 하는 어쩔 수 없는 상황이 발생하기도 하고, 누군가가 먼저 둘 중의 하나를 선점하면 나는 기꺼이 다른 하나를 수용하고 감내하며 상대의 기분을 맞춰 줘야 할 때가 있습니다. 원하지 않은 것을 받아들이고 살아갈 때는 더 많은 감정 에너지가 소모되기도 합니다. 소진되는 삶을 살아갈 것인지, 하루하루 무언가 충만된 느낌을 가지고 쌓아 가는 삶을 살 것인지 자명해질 것입니다. 아울러 자신을 올곧게 지키면서도 타인과 상생할 수 있는 방법 또한 발견하실 수 있을 것입니다.

'나다운' 삶을 재조명하고 실천할 수 있는 사유의 장(場)으로 여러분을 초대합니다.